Ulrich Beer
Optimisten leben länger

Ulrich Beer

OPTIMISTEN LEBEN LÄNGER

Von der geheimen Macht des Vertrauens

Ariston Verlag · Genf

Andere Werke aus unserem Verlagsprogramm
finden Sie am Schluß des Buches verzeichnet.

In Zusammenarbeit mit
Meyerpress Salzburg/Zürich
Gestaltung des Schutzumschlages:
H. + C. Waldvogel · Grafik Design

Erstauflage Juli 1985
Zweite Auflage November 1985
Printed in Austria 1985

ISBN 3 7205 1337 8

Inhaltsverzeichnis

Vorwort

Eine alte Fabel berichtet uns die Geschichte von den zwei Fröschen, die in einen Milchzuber gefallen sind. Der eine verzweifelt und ertrinkt. Der andere strampelt und strampelt, bis die Milch unter seinen Flossen zu Butter wird. Darauf findet er Halt und springt erschöpft, aber lebendig heraus.

Nicht schicksalshafte Ereignisse bestimmen unser Leben, sondern in erster Linie unsere Einstellung zu ihnen und die Folgen, die sich daraus für unser Handeln ergeben. Gerade in Krisenzeiten ist die Gefahr, in Resignation und Pessimismus zu verfallen, sehr groß. Aber wer wagt es noch, angesichts so schwieriger Zeiten und so viel widriger Umstände, Optimist zu sein? Alles scheint für das Gegenteil, den Pessimismus, zu sprechen. Luft und Leben sind gefährdet, Wasser und Wälder drohen zu sterben, Bombenarsenale und Kernreaktoren zu explodieren, Wirtschaft und Wachstum in Krisen zu ersticken – Katastrophenstimmung, wohin man schaut. Und wer in sich selbst hineinschaut, entdeckt Ängste und Zweifel.

Wie lange kann man so leben? Leben ist immer auf Mut und Hoffnung angewiesen, auf Vertrauen und Zuversicht, daß bessere Zeiten kommen und daß zu leben sich lohnt. Jeder ahnt: Wer positiv lebt, aus allem das Beste machte – und was heißt Optimist sein anderes? –, lebt gesünder, lieber und auch länger. Wir haben keine Wahl: Wir sind darauf angewiesen, uns mitten in der Gefahr an das Gute, das Schöne zu halten. Und es gibt immer noch genügend Gründe, optimistisch zu sein. Die Sonne geht noch jeden Morgen auf, wir erwachen und sehen sie; wir atmen und können arbeiten; und wir können dafür sorgen, daß irgend etwas in der Welt besser wird. Unser Grundsatz sollte sein: Es ist heilsamer, ein Licht anzuzünden, als die Finsternis zu beklagen.

Dieses Buch weist viele Wege, wie wir den Alltag bestehen können, indem wir den Gefahren, die uns niederzuziehen drohen, bewußt und zuversichtlich den eigenen Lebensmut entgegensetzen. Dann werden wir auch Erfolge ernten.

Celle-Osterloh, 15. Mai 1985

Ulrich Beer

1
Die Welt ist unsere Vorstellung

Freude überglänzt das Leben

Der Wecker zerreißt die tiefe Stille des Morgens. Böse starrt er das kleine, unschuldige Ding an und denkt: Man sollte den Wecker gegen die Wand werfen, damit er ein für allemal still ist und ich meine Ruhe habe. Er wirft sich auf die andere Seite, zieht die Decke hoch und würde am liebsten weiterschlafen. Wie soll Christian da frisch und guter Laune aus dem Bett finden? Aber aus dem Weiterschlafen wird auch nichts. Schon hört er seine Frau im Bad hantieren, das Wasser rauscht, das Radio bringt einen Schlager, den Ruth nun auch noch mitsingt. Wie kann sie nur am frühen Morgen schon singen? Sie hat wohl noch nie etwas von dem alten Sprichwort gehört: Wer morgens schon singt, den holt abends die Katz!

Mißmutig wälzt Christian sich aus dem Bett. Es bleibt ihm schließlich nichts anderes übrig. Im Büro wartet schon ein Stapel Papiere darauf, von ihm bearbeitet zu werden. Bei dem schönen Wetter muß ich in diesem stikkigen Büro sitzen und staubige Akten wälzen. Ach, das Leben ist schon mies! Ein tiefer Seufzer entringt sich seiner Brust. Freudlos hockt er am hübsch gedeckten Frühstückstisch. Auch der duftende Kaffee und die frischen

Brötchen können seine Laune nicht bessern. Nicht einmal Ruths Lächeln beantwortet er freundlich, und wäre es auch nur für einen Augenblick.

Griesgrämig verläßt er das Haus. Und wie jeden Morgen winkt Ruth ihm nach und denkt: Ist er nicht ein bedauernswerter Mensch? Wer so freudlos den Tag beginnt, den kann man wirklich nicht als Optimisten bezeichnen. Christian ist zwar nur ein ausgesprochener Morgenmuffel. Im Laufe des Tages blüht er auf. Und trotzdem entgeht ihm in diesen ersten Stunden schon einiges. Wie arm sind erst die anderen Menschen dran, die überhaupt keine Freude am Leben kennen?

Ruth kennt ihren Christian. Deshalb läßt sie ihm am Morgen wunschgemäß seine Ruhe, sitzt ihm schweigend gegenüber, verzichtet auf liebevolles Geplänkel. Und er? Anstatt sich in der Bahn an der Unbekümmertheit der Kinder zu erfreuen, empfindet er sie als aufdringlich und laut, ja als geradezu ungezogen. Auf dem Weg durch den Park sieht er nur die welkenden Blumen, die Schönheit der buntgefärbten Blätter entgeht ihm, denn sein Blick ist mürrisch und unzufrieden auf den Boden gesenkt.

Der freundliche Gruß der Sekretärin wird nur brummelnd beantwortet. Ihre verständliche Reaktion: Na, der hat ja wieder eine miese Laune heute morgen, dem geh' ich besser aus dem Weg, der soll sich seine Tasse Kaffee selber kochen!

Schade! Man sollte ihm einmal Großmutters Sprichwort zu bedenken geben: Wie man in den Wald hineinruft, so schallt es zurück. Mit anderen Worten: Wie man den Tag begrüßt, so wird er.

Während Ruth ihrer Hausarbeit nachgeht, begleitet sie in Gedanken Christian durch den Morgen. Wie gern würde sie ihm etwas von ihrer übersprudelnden Lebensfreude abgeben. Natürlich bringt nicht jeder Tag nur Frieden, Freude, Eierkuchen, aber mit etwas Mut und gutem Willen läßt sich vieles besser und leichter bewerkstelligen. Wenn ich Mühe und Last, Arbeit und Pflichten in die eine Waagschale werfe und all das Gute, Erfreuliche, das ich täglich erlebe, in die andere, dann ist die zweite bei weitem schwerer.

Bei Christian ist es leider umgekehrt. Ich kann mich über Kleinigkeiten freuen und werde deshalb manchmal belächelt. Für ihn ist alles Gute selbstverständlich und muß zum Leben dazugehören. Und so passiert es ihm leicht, daß das Negative überwiegt und zu große Beachtung findet. Wenn ich ihm nur von meiner Art, das Leben zu sehen, etwas vermitteln könnte, dann wäre auch er zufriedener und ausgeglichener. Während ich die unangenehmen Dinge des Lebens als unabänderlich akzeptiere, sträubt sich in ihm jede Faser dagegen. Er kämpft einen unermüdlichen, sinnlosen Kampf, der völlig überflüssig ist und zu nichts anderem als zu noch mehr Ärger führt.

Dabei kann das Leben so schön sein, wenn man die Freuden sieht und bewußt genießt. Dann erhält plötzlich alles einen glänzenden Schimmer: Der Himmel ist blauer, die Sonne scheint heller, die Menschen sehen freundlicher aus, und ich selbst fühle mich leicht und beschwingt.

Ruths Herz macht vor Freude einen Hupfer, als sie die ersten Laute aus dem Kinderzimmer hört. Sie nimmt die kleine Tochter auf den Arm und tanzt mit ihr durch das Zimmer. Die Kleine jauchzt vor Vergnügen, die Mutter lacht.

Ein schönes Bild: Da gibt es diese junge, lebenslustige Mutter, die voller Schwung ist und glücklich mit der kleinen Tochter auf dem Arm durch das Zimmer tanzt. Zwei Menschen, die ihre Freude durch Lachen und Jauchzen ausdrücken.

Wie viele Menschen sind heute noch fähig, ihre Gefühle so bewußt und positiv, so spontan und offen zu äußern? Wie viele Menschen können das dort, wo Sie persönlich arbeiten, dort, wo Sie wohnen? Und wie sieht es in Ihrem Bekanntenkreis aus, in Ihrer Familie? Und Sie selbst? Lassen Sie Ihre Freude spontan heraus? Nicht immer, aber ab und zu, manchmal. Ja, nehmen wir die Freuden, ich meine die kleinen Freuden des Alltags, überhaupt noch wahr? Können wir unser Herz noch öffnen?

Für viele Menschen sind diese kleinen Blüten der Freude, die ganz offen und für jedermann sichtbar blühen, zu selbstverständlich geworden. Für sie lohnt es sich einfach nicht mehr, darum großes Aufheben zu machen. Manche Leute gehen mit einem Schulterzucken und einem dahingeworfenen »Na und?« an vielen unwiederbringlichen Freuden des Augenblicks vorbei.

Genau so wie Christian in unserer Geschichte. Ein echter M-Typ: mißmutig mit mürrischer Miene, ein Miesmacher und Morgenmuffel. Und dabei hat es dieser Mann selbst in der Hand, wie sein Tag wird. Er kann selbst entscheiden, wie ihm die Leute begegnen werden: Ob der Tag positiv wird oder negativ, voller Lebensfreude oder voller Langeweile, ob er, obschon die Sonne für ihn lacht, ein trübsinniger Pessimist oder, auch wenn es einmal regnet, ein froher Optimist sein will.

Jeder Mensch lebt sein eigenes Leben, und jeder entscheidet an jedem Morgen von neuem, wie er in den Tag hineingehen und wie er diesen Tag durchleben und gestalten will.

Wir betrügen uns selbst, wenn wir die gebotenen Möglichkeiten nicht ergreifen, sondern dumpf und stumpf den Tag hinter uns bringen. Ist das der Sinn eines Tages? Dahinzuvegetieren und bloß zu existieren, aber nicht wirklich zu leben mit unseren Sinnen, die wir von der Natur als Geschenk für dieses jetzige Leben mitbekommen haben? Warum schöpfen wir unsere Möglichkeiten und Fähigkeiten nur so unvollkommen aus?

Haben Sie schon einmal in das Läuten einer Kirchenglocke hineingelauscht? Zum Beispiel in das Verklingen eines letzten Glockenschlages, wenn der Klöppel gegen die Glocke stößt und das Metall zum Tönen und Vibrieren bringt – haben Sie dieser Tonwelle schon einmal nachgespürt, wie sie sich ausbreitet? Zuerst stark und machtvoll setzt sie im Anschlag ein, dann kommt an- und abschwellend der Ton immer leiser und zarter in Wellen zurück, bis die Stille einsetzt, in der ein letzter Ton dennoch hängt und schwebt.

Oder haben Sie schon einmal eine Amaryllisblüte richtig betrachtet? Ein einzelnes Blütenblatt in seinem tiefen Rotbraun ist ein einziges Wunder. Diese zarten Adern, die sich vom Kelch zum Blütenrand hinziehen, Ader neben Ader, durch die sich die Lebensenergie dieser Blume ergießt. Diese vielen kleinen, glitzernden Tüpfelchen, die das Strömen verdeutlichen, dieser Glanz, der nicht auf dem Blatt, sondern darüber hinzufließen scheint. Wem geht da nicht das Herz auf bei solch einmaliger, berauschender und atemberaubender Schönheit?

Haben Sie schon einmal einen Pfirsich in der Hand gehalten? Sicher doch, aber auch schon ganz bewußt? Ihre Hand ist hohl und warm, fast schon zu warm, weil es draußen so heiß ist, und da hinein legen Sie einen Pfirsich. Spüren Sie, wie Ihre Finger sich um die runde Form der Frucht legen? Wie ihrerseits die Frucht sich in Ihre Handfläche hineinschmiegt? Fühlen Sie die samtartige, weiche Haut des Pfirsichs, wenn Sie ganz zart und vorsichtig mit den Fingerkuppen darüberstreichen? Nehmen Sie die Kühle und die Frische wahr, die aus dem Pfirsich durch Ihre Haut in die Finger zu dringen scheint? Ein wunderbarer Augenblick, der Ihnen zeigt, wie lebendig Sie sind, wie intensiv Sie im Augenblick leben und Ihre Freude, Ihr Glück wahrnehmen.

Was tun Sie mit Ihrer Nase? Kennen Sie diesen reichen, vollen Geruch, der der Erde nach einem kurzen Regenschauer entströmt? Haben Sie dieser energiegeladenen, würzigen Luft schon einmal tief und konzentriert nachgespürt und sie einströmen lassen in Ihre Lungen? Ein Geschenk der Natur für uns, das wir dankbar in uns aufnehmen können, wenn wir unsere Sinne entfalten. Es ist ein langer Weg für die Luft von der Nase bis in die Bronchien und noch weiter bis tief in die letzten Spitzen am Beckenrand hinein. Probieren Sie das doch einmal aus, und seien Sie bewußt neugierig.

Seien Sie neugierig wie ein Kind, das zum erstenmal in seinem Leben etwas Neues, ihm Unbekanntes ißt. Können Sie das vorsichtige Tasten der Zunge nachvollziehen, wenn sie mit der Speise in Berührung kommt, prüfend, schmeckend darüber hinweggleitet und die Süße oder die angenehme Säure wahrnimmt? Können Sie die Wonne miterleben, die das Kind dabei verspürt und durch ein Lächeln oder ein Aufleuchten der Augen zum Ausdruck bringt? Ja, wollen Sie auch das einmal selbst ausprobieren? Holen Sie sich Ihre eigenen Freuden, um Ihren eigenen Tag zu verschönern. Empfinden und genießen Sie diese beglückenden Freuden, dehnen Sie sie aus und nehmen Sie sie intensiv und tief wahr. Die Freude, die in Ihnen angelegt ist, wird in Ihnen wachsen, aus Ihnen von innen heraus strahlen und mit ihrem Glanz Ihr Leben und das Leben Ihrer Mitmenschen verschönern.

Lebenssinn mit den Sinnen erleben

Sibylle stand vor dem Spiegel in ihrem Ankleidezimmer und betrachtete mit glanzlosen Augen ihre Erscheinung. Das elegante, tiefdekolletierte Abendkleid aus blauer Seide umschmeichelte ihre jungenhaft schlanke Figur. Ihre Augen erhielten dadurch einen geheimnisvollen Schimmer, den sie durch ein raffiniertes Make-up unterstrich.

Klaus trat hinter sie und legte ihr eine goldene Kette um. Der mit Brillanten eingefaßte Saphir paßte genau zu der Farbe ihrer Augen und war wunderschön. Eigentlich hätte sie vor Glück jubeln müssen, aber ihre impulsive Freude erhielt einen schweren Dämpfer. »Dieses kleine Ding«, sagte er, »rundet deine elegante Erscheinung ab. Damit wirst du dich heute abend sehen lassen können und mir alle Ehre machen.« Zufrieden betrachtete er »sein« Werk, »seinen« Besitz. Stumm nahm sie das wertvolle Geschenk hin, ohne ein Wort des Dankes. Er erwartete es wohl auch nicht, denn er ging schon voraus mit den Worten: »Beeil dich, es wird Zeit, der Wagen steht schon vor dem Haus.«

Wie eine aufgezogene prachtvolle Puppe folgte sie ihm mechanisch und in Gedanken verloren: Hätte er mir eine weitaus weniger wertvolle, jedoch liebevoll ausgesuchte Kette mit zärtlichen Worten geschenkt, ich wäre ihm glücklich um den Hals gefallen. Aber diese aus Eitelkeit und Berechnung gemachten Geschenke lassen mich noch erfrieren. Da hilft auch der wertvollste Ring oder Pelz nichts. Am liebsten würde ich ihm meine Enttäuschung ins Gesicht schreien.

Lächelnd nahm sie später die vielen Komplimente entgegen, hörte dem nichtssagenden Partygeplauder zu und gab abwesend Antworten. Das mit Delikatessen überladene kalte Büfett gab ihr den Rest. Am liebsten wäre sie davongelaufen und hätte sich in einem stillen Winkel verkrochen. Aber das war natürlich nicht möglich. Sie würde so ja ihren Mann blamieren.

Gedanken sind frei! Sibylles Gedanken gingen plötzlich eigene Wege. Sie stocherte lustlos in dem auf ihrem Teller sich breitmachenden Lachs herum, aber sie roch den Duft von Bratkartoffeln und schmeckte den von Mutter eingelegten Hering. Sie sah sogar ihre Mutter vor sich, wie sie am großen Kohleherd stand in der urigen Küche mit den schweren Bauernstühlen um den wuchtigen Tisch.

Damals waren sie reicher als heute, nicht finanziell, aber was Liebe und ehrliche Gefühle anbelangt. Bei Festlichkeiten gab es zwar kein Menü von mindestens fünf Gängen und auch kein Riesenaufgebot an Personal, dafür aber ein mit viel Arbeit verbundenes einfaches Gericht, das allen schmeckte. Sie wußten gutes Essen damals noch zu schätzen, genossen es und lobten die Hausfrau.

Ein paar Partygäste – es ist kaum zu glauben – fanden sogar an diesem Überfluß des Büfetts noch etwas zu nörgeln. Ob sie wirklich nicht wissen, dachte Sibylle, wie gut es ihnen geht, oder sind ihre Sinne verkümmert? Hat ihr Gaumen sich so an die Köstlichkeiten gewöhnt, daß sie nicht mehr genießen können? Ist die Nase vom Duft teuren Parfüms so verstopft, daß das Aroma der Speisen nicht mehr wahrgenommen werden kann? Sind die Augen von dem blitzenden Schmuck so geblendet, daß die Köstlichkeit der Meeresfrüchte verblaßt und auf der Zunge schal wird? Nehmen die Ohren nur die Salongespräche der Mitglieder einer übersättigten Gesellschaft auf, hören diese Menschen die leise aus dem Hintergrund ankommende Kammermusik oder nicht? Sind die Menschen echter Gefühle nicht mehr fähig?

Wehmütig wandern Sibylles Gedanken zurück in die »schlechten Zeiten«. Plötzlich findet sie sich auf dem feuchten, nach Erde riechenden Acker ihrer Großeltern beim Kartoffelsammeln wieder. Damals war sie nicht allein wie hier inmitten der vielen Menschen. Die Erinnerung an das Erntefest war so stark, daß sie die selbstgebackenen Butterkuchen auf der Zunge spürte und den fröhlichen Gesang der Leute hörte.

»Sibylle, ich habe dich etwas gefragt, wo bist du denn mit deinen Gedanken?« Erwachend sah sie sich um, mühsam ein spöttisches Lächeln unterdrückend: Was alle die da wohl sagen würden, wenn sie meine Gedanken lesen könnten? Sie würden mich wohl für eine dumme, kleinkarierte Gans halten! Das macht nichts. Für mich sind sie alle, die sich reich dünken, ziemlich arme Menschen, weil sie nicht wissen, wo sie den Sinn des Lebens suchen sollen. Ihre Sinne sind verkümmert.

Haben Sie Lust, mit mir gemeinsam an einer Party teilzunehmen? Ich lade sie herzlich ein! Seien Sie willkommen! Ich freue mich, daß Sie da sind. Welch einem Gegensatz sind wir ausgesetzt: Die Stille des letzten Stück Weges steht in einem grellen Kontrast zu den Geräuschen dieses Abends.

Da sind die Stimmen der Gäste. Wir hören die tiefen Stimmen der Männer und die hohen der Frauen. Manche Stimmen sind klar und klingen überzeugend, andere sind nuschelig oder klingen hektisch, erregt, manche sind laut, manche leise. Dazu kommen die Geräusche der Schritte, kurze und lebhafte, leise und bedächtige; vielleicht knarrt auch einmal eine Sohle oder das Parkett; unüberhörbar setzt sich plötzlich das harte Aufsetzen eines Spazierstocks durch. Da hinein mengt sich das Quietschen eines Sessels oder das Girren eines zurückgeschobenen Stuhles. Sirrend rauschen Taft und Seide, knisternd dringt Brokat an unser Ohr. Wir nehmen das helle Klingen zart zusammenstoßender Gläser wahr, wir hören den metallenen Klang von Bestecken und den stumpferen von Porzellan.

Aus dem Hintergrund kommt Musik: der rhythmische Wirbel von Trommeln, das Auf und Ab von Flöten und Geigen. So haben wir Musik bislang noch nicht wahrgenommen. Lassen wir uns Zeit, die einzelnen Töne aufzunehmen, bewußt den einen oder anderen herauszuholen, um ihm nachzulauschen und um dann wiederum die Fülle aller Töne auf uns einwirken zu lassen.

Wir spüren auf einmal, daß wir nicht nur mit unseren Ohren Geräusche und Töne aufnehmen; auch unsere Haut reagiert. Sie zieht sich schlagartig und schreckhaft zusammen, wenn ein schrilles Geräusch uns trifft. Ein

Frösteln läuft über unsere Haut. Wir verspannen uns, wenn ein Messer quietschend auf einem Porzellanteller abrutscht. Wir verschließen uns dann vielleicht und lassen die Töne nicht hindurch, wir machen dicht, um uns nicht innerlich weh zu tun.

Andererseits sind wir für angenehme Töne offen wie auch für angenehme Gefühlstöne. Wir entspannen uns, wenn eine Hand weich und zart über unseren Arm gleitet. Wir genießen die Atmosphäre, wir genießen die Wärme des Raumes und dehnen uns körperlich und seelisch aus. Wir spüren dann die Enge eines einschnürenden Kragens und die Atemnot, die durch eine zu straff sitzende Krawatte entstehen kann. Wir spüren auch das zu eng anliegende Kleid und die schmerzenden und brennenden Füße, die in zu engen Schuhen eingezwängt sind. Haben wir den Mut, die Krawatte abzunehmen und uns von unseren Schuhen zu trennen! Oder haben wir etwa vorsorglich ein zweites Paar Schuhe mitgebracht!

Wir können, wenn wir wollen, noch viel mehr genießen. Unsere Nase ist uns dabei behilflich und von großem Wert. Früher gab es Kaffee- und Tabakschnüffler. Machen wir es ihnen nach, lassen wir unsere Nase herumspazieren. Die Kosmetikindustrie geht mit Düften großzügig um, die allerdings manchmal auch sehr aufdringlich sind. Haarsprays, Nagellack, Puder, Schminke muß man nicht unbedingt in der Nase haben. Feiner sind meistens die verschiedenen Gesichtswasser, Eaux-de-Cologne und Parfüms. Da werden die Unterschiede interessanter: die einen sind schwer und betörend, andere leicht und belebend oder süß oder herb.

Dann plötzlich, wie elektrisiert, nehme ich den Duft frischer Rosen wahr, der von einem Strauß zu mir herüberzieht. Mich durchrieselt ein wohliges Gefühl wahrer Sinnenlust. Doch schon kommt die nächste Duftwelle. Es riecht nach leicht angerösteten Zwiebeln, auch nach Knoblauch, eine Mischung von Hähnchen und Kassler Rippchen kommt durch, dann der durchdringende Geruch von Räucherfisch. Das Wasser läuft mir im Munde zusammen, und in der Vorfreude schlucke ich schon genießerisch.

Ich nehme einen Schluck Sekt und lasse ihn über die Zunge rollen. Ich spüre die angenehme Frische, das Prikkeln und Zerplatzen der kleinen, perlenden Bläschen, das Hinabgleiten der Flüssigkeit durch die Kehle in den Magen und die angenehme Wärme, die sich daraufhin im Magen ausbreitet, aufsteigt und durch den Körper strömt. Ich spüre wieder und wieder dieses angenehme, wohlige Gefühl, das verstärkt und intensiv meinen Körper durchrieselt. Ich fühle mich wohl und beschwingt und genieße bewußt. Ich dehne den Augenblick, ich lebe im Hier und Jetzt. Doch ich bin auch neugierig, und ich will mehr.

Meine Augen sind noch so hungrig und wollen gesättigt werden, noch so durstig und wollen sich satt trinken. Gut, so trinkt! Das blendende Licht der Strahler, der funkelnde Glanz der Lampen und Leuchter tut meinen Augen weh. Rasch senke ich meinen Blick und lasse ihn über die Gesichter und Köpfe schweifen. Kunstvollkünstlich aufgetürmte Haarpracht, Schminke und Tusche lassen manches Gesicht unter einer Maske erstarren. Aber mein Auge sucht und findet seinen Weg: Es nimmt die warmen und lebhaften Farben der Stoffe wahr, es erfreut sich an den harmonischen Bewegungen von Menschen, es sieht das natürliche, echte Lachen, das aus offenem Mund kommt, es sieht die Falten, die von einem abwechslungsvollen und inhaltsreichen Leben erzählen, und es sieht die glänzenden Augen, aus denen die Lebensfreude des Augenblicks strahlt. Meine Augen werden satt. Sie sind so befriedigt wie meine Zunge, meine Nase, meine Haut und meine Ohren.

Ich bin glücklich, daß mir meine fünf Sinne gegeben sind, und ich werde gut auf sie achtgeben, damit sie nicht verkümmern. Sie alle zusammen empfinde ich als ein Ganzes, als eine Einheit, die meinem Leben Sinn gibt. Diesen Sinn gewinne ich den tausend kleinen Freuden ab, die das Leben bietet. Und Sie?

Was du von einem Menschen denkst, entzündest du in ihm

Jens und Jörg sind auf den ersten Blick zwei völlig ungleiche Brüder. Doch ist es wirklich nur ungleiche Veranlagung, oder spielen da andere Dinge eine große Rolle?

Der eine, der ältere, war ein offenherziges, fröhliches Kind, das keine Scheu kannte und auf alle Menschen freudig zuging. Er war begabt und zielstrebig, lernte auf dem Bau und studierte später Architektur. Seine Eltern glaubten von jeher an seine Fähigkeiten und förderten diese durch Zuspruch und Aufgaben, die sie ihm übertrugen.

Der jüngere der beiden Brüder war ein stiller, scheuer Junge. Er wuchs völlig im Schatten des älteren Bruders auf. Die Folgen machen sich ein Leben lang bemerkbar. Stets und ständig, bei jeder Gelegenheit wurde ihm die Überlegenheit des großen Bruders vor Augen geführt.

Wo er auch helfen wollte, was er auch anpackte, immer bekam er zu hören: Laß das doch den Jens machen, der ist schon größer und kann das viel besser. Minderwertigkeitskomplexe und Skepsis allem und jedem, vor allem aber sich selbst gegenüber waren die unausbleibliche Folge. Schwache Leistungen in der Schule, mangelnder Mut zu neuen Taten vervollständigten das Bild. Unbeachtet von der Familie vergingen für ihn die Jahre, er zog sich immer mehr in sich selbst zurück, voller Mißtrauen und Zweifel.

Ab und zu glomm etwas Widerstand in ihm auf. Einmal versuchte er, sein Fahrrad selbst zu flicken. In seiner Angst, entdeckt und ausgescholten zu werden, zitterten seine kleinen, ungeübten Hände. Mit dem Schraubenzieher, mit dem er den Reifen von der Felge lösen wollte, stach er ein zusätzliches, großes Loch hinein. Der Reifen war nun nicht mehr zu retten. Die Folge war eine wahre Schimpfkanonade: »Hab' ich dir nicht immer gesagt, du sollst deine ungeschickten Finger von solchen Dingen lassen? Jetzt muß ein ganz neuer Reifen gekauft werden. Den ziehe ich dir vom Taschengeld ab!« Wie ein geprügelter Hund schlich er davon und verbarg sich hinter einem Strauch im letzten Winkel des Gartens, schamrot und zutiefst traurig.

Jörg lernte Schlosser und machte seine Sache gut, der Meister lobte ihn, und dieses Lob war es, das ihm etwas Lebensmut verlieh. Bei der Bundeswehr kam dann der Durchbruch für ihn. Sein Vorgesetzter erkannte seine technische Begabung und ließ ihn zum Techniker ausbilden. Was aber am wichtigsten war: er war endlich fernab von dem großen Vorbild, er konnte sich endlich unbeobachtet und frei von inneren Zwängen entfalten.

Natürlich gab es Rückschläge, die ihn von neuem an den Rand einer Depression brachten. Die schlimmste Zeit machte er durch, als er ein Mädchen kennengelernt hatte, sich aber nicht traute, es anzusprechen. Wochen der »Selbstzerfleischung« fraßen ihn fast auf: Bilde dir bloß nicht ein, daß Erika gerade dich mag. Wie sollte das auch gutgehen? Was kann ich ihr denn schon bieten? Wer bin ich denn? Ein Tolpatsch, dem nichts gelingt, weil er zwei linke Hände hat! Das Glück ist nun einmal nicht auf meiner Seite, damit muß ich mich abfinden! Solche Wege gingen seine Gedanken.

Klar, daß sie sein Leben nicht erleichterten. Jörg war zutiefst unglücklich.

Bis ins hohe Alter hat ihn der einengende Pessimismus nie ganz verlassen. Er ist ein Schwarzseher geblieben, der äußerst vorsichtig und zurückhaltend allen Menschen gegenübersteht. Seine Freundschaften gingen in Brüche, weil er einfach nicht an das Gute im Menschen glauben kann, schon gar nicht, daß man es mit ihm gut meinen könnte.

In diesem Zusammenhang stellt sich nun die Frage: Liegt es an ihm selbst und seiner Lebenseinstellung, daß er immer wieder große Enttäuschungen hinnehmen mußte? Oder gelten in diesem Fall die Worte FRIEDRICH NIETZSCHES, der einmal gesagt hat: »Was du von einem Menschen denkst, entzündest du in ihm.«?

In Jörgs Fall spielte eine entscheidende Rolle die Familie. Die Eltern wie auch der Bruder trauten ihm nichts zu und drängten ihn damit in eine negative Lebenshaltung, die ihn zeitlebens daran hinderte, ungetrübte Lebensfreude zu empfinden – ohne Skepsis, ohne Angst vor dem Kommenden.

Es gibt viele Menschen, die als zweites Kind in eine Familie hineingeboren werden. Und häufig finden wir das Problem, daß das jüngere Kind im Schatten des älteren aufwächst. Wie kommt es dazu, und wo liegen die Ursachen?

Die Eltern gehen mit dem guten Vorsatz an die Erziehungsaufgabe heran, beiden Kindern gerecht zu werden. Häufig werden die Kinder, besonders wenn es zwei Jungen oder zwei Mädchen sind und der Altersunterschied nicht allzu groß ist, nach derselben Methode erzogen – nach dem Motto »Was für das eine gut ist, kann dem anderen nicht schaden«. Dabei wird häufig übersehen, daß das ältere Kind einen Erfahrungsvorsprung von sagen wir ein bis drei Jahren besitzt, der dem jüngeren abgeht. Und an diesem Punkt kann das Dilemma einsetzen: Neigen die Eltern zu Vergleichen und lassen sie den Gedanken an Leistung aufkommen, dann wird das jüngere Kind wahrscheinlich den kürzeren ziehen.

An dieser Stelle können wir erleben, welche Macht Gedanken haben. Jeder Gedanke, jede Idee ist eine Ladung Energie, die nach Verwirklichung strebt. Wir wissen, welche Wirkung ein Gebet haben kann, wenn es intensiv und ehrlich aus unserem Inneren heraus gesprochen wird. Wir haben schon von Gedankenübertragung gehört. Es gibt – das ist heute dem Phänomen nach erwiesen – die Telepathie als Fähigkeit, mit anderen Menschen über Hunderte von Kilometern hinweg in Verbindung zu treten – rein auf der Gedankenebene.

Welch ein wunderbares Geschenk der Natur tragen wir da in unserem Inneren. Aber wissen wir es zu schätzen, und können wir gut mit ihm umgehen?

Wir sind nicht nur Schöpfer unserer Taten, die konkret vor unseren Augen entstehen. Wir stricken nicht nur einen Pullover oder bauen einen Bauernhof, sondern wir lassen zur gleichen Zeit unsere Gedanken mit einfließen. Aus den Volksmärchen wissen wir, daß weise Frauen, Hexen, gute und böse Feen ihre frommen Wünsche oder einen guten oder bösen Zauber in ein Gewand hineingewoben haben. Weiß die Hausfrau um diese Kraft, wenn sie die Mahlzeiten nicht nur für sich, sondern auch für die ihr anvertrauten Menschen bereitet? Es ist wichtig, daß wir alle um diese Macht wissen! Gehen wir mit Unruhe oder Ärger an das Karottenputzen, so übertragen wir diese negativen Kräfte und geben sie in das Essen hinein. Sind wir hingegen ausgeglichen und ruhen in unserer Mitte, so fließt auch ein Teil unserer Harmonie, unserer guten Gefühle und guten Gedanken in die Nahrung über.

Welch große Verantwortung tragen wir also bei der Erziehung unserer Kinder! Ver-Antwortung? Ja, wir werden einmal Antwort geben müssen, warum wir so handelten. Das Kind erhält seine erste Chance durch seine Eltern. Es wird geboren mit seinen positiven Anlagen, die darauf warten, entwickelt zu werden.

Viele Eltern, die auf das erstgeborene Kind fixiert sind und Vergleiche ziehen, schenken dem nachfolgenden Kind nicht die gleiche Aufmerksamkeit und Zuwendung. Jede neue Fähigkeit des älteren Kindes wird mit Freude und Bewunderung begrüßt. Die Eltern loben es, und das Kind fühlt sein Selbstvertrauen und seine Sicherheit wachsen. Es spürt die Anerkennung der Eltern. So kann es seine eigenen Kräfte wahrnehmen und entwickeln – wie ein Baum, dem genügend Raum und Licht gegeben ist, damit er sich unter und über der Erde ausdehnen kann. Unter der Erde fassen seine Wurzeln Fuß, wachsen in die Tiefe und in die Breite des Erdreichs. Sie wachsen, um Sicherheit und Festigkeit zu gewinnen, damit sie gegen die Stürme bestehen können. Sie wachsen, damit sie genügend Feuchtigkeit und Nahrung aufsaugen können. Sie wachsen und atmen aber auch über der Erde, für die Menschen sichtbar. Ein gesunder Baum hat einen kräftigen Stamm mit vielen Ästen, die ausladend in die Breite gehen oder zielgerichtet in die Höhe, zum Licht streben.

Genauso steht es mit uns Menschen: Wenn unsere positiven Anlagen zur Entwicklung kommen, wenn unsere positiven Seiten gekräftigt werden, dann werden wir auch kraftvoll und stark im Leben stehen. Wir müssen unseren Kindern den Dünger mitgeben, den sie benötigen, und wir müssen ihnen das Rückgrat stärken, so daß ihr Selbstwertgefühl und ihre Zuversicht wachsen können. Zärtliche Liebe, Aufmerksamkeit und Beachtung, in Worten ausgesprochen und in Gedanken gefaßt, sind die Voraussetzungen für ein gesundes Wachstum unserer Kinder.

Nun werden Sie vielleicht einwenden: »Na ja, von Liebe habe ich nicht viel gemerkt, und positive Beachtung gab's auch nicht. Dann liegt es also an meinen Eltern, wenn ich so geworden bin, und daran kann man jetzt nichts mehr ändern.« Sicherlich, die erste Chance führt zu einer positiven oder negativen Entwicklung. Und dieses Argument wird auch häufig bei Gerichtsverhandlungen von jugendlichen Straftätern benutzt. Es ist aber auch im Alltag zu hören: »Meine Eltern haben Schuld an meiner Entwicklung.« So will jemand ganz einfach den Schwarzen Peter weitergeben.

Aber stimmt das wirklich, oder nutzen diese Leute das Argument nur als eine Ausrede? Dazu noch einmal das NIETZSCHE-Zitat: »Was du von einem Menschen denkst, entzündest du in ihm.« Ich denke jetzt, und meine Gedanken sind mächtig, kraftvoll und energiegeladen: »Was ich von mir denke, entzünde ich in mir.« Als Kind war ich vielleicht schwach und kraftlos, fühlte mich unbedeutend und klein. Ich wuchs vielleicht mit dem Gefühl auf, keine Chance zu haben und nicht ernst genommen zu werden. Aber ich kann mir in diesem Augenblick eine neue Chance geben. Ich bin erwachsen, ich bin dem Kindsein entwachsen. Ich weiß, daß einer ersten Chance eine zweite und weitere folgen werden. Ich kann mir, wenn ich mich ernst nehme, die Anerkennung geben, die mir als Kind versagt blieb. Ich kann mir die Liebe geben, die ich als Kind entbehrte. Und ich kann die Kraft, die in mir schlummert, wecken – eine Kraft, die in jedem Menschen schlummert. Seien wir mutig und entzünden wir in uns unsere eigene Kraft zu unserem Wohl und zum Wohl unserer Mitmenschen!

Voraussagen, die sich selbst erfüllen

Schwungvoll klappt Thilo den Deckel des Kofferraumes zu. Er freut sich auf die bevorstehende Bergtour mit seinen Freunden. Fünf Tage lang die Ruhe und Schönheit der Bergwelt genießen, die körperliche Anspannung, die ihn alles Alltägliche vergessen läßt, das alles ist für ihn das Schönste. Die Sonne müht sich gerade, die Schleier des Morgennebels zu durchbrechen. Es verspricht, ein schöner Tag zu werden. Er nimmt seine Bärbel in den

Arm und drückt sie fest an sich: »Warum weinst du denn? Ich bleib' doch nur ein paar Tage fort.«

»Ich habe so ein ungutes Gefühl, als ob dir etwas zustoßen könnte. Thilo, bleib' bitte hier, ich hab' schreckliche Angst um dich.«

»Nun übertreibst du aber wirklich mit deinen Vorahnungen. Was soll mir schon passieren? Wir kennen alle vier die Berge. Es ist schließlich nicht unsere erste Tour, und die schwierigste haben wir uns diesmal nicht ausgesucht.«

»Das weiß ich ja alles. Trotzdem ist mir ganz eigenartig zumute, und dein Horoskop verspricht auch nicht viel Gutes. Sei bitte vorsichtig und komm heil wieder.«

»Ich verspreche dir, daß ich auf mich aufpassen werde. Aber du mußt mir versprechen, daß du deinen unsinnigen Ahnungen, deinem Horoskopaberglauben keine Beachtung schenkst. Hab' Vertrauen, dann wird alles gutgehen. Jetzt muß ich aber los, die anderen warten sicher schon. Tschüs, mein Schatz, und Kopf hoch, oben scheint die Sonne.«

»Ich werde dich in Gedanken begleiten und auf dich aufpassen. Trotz meiner Sorgen um dich wünsche ich dir ein paar schöne Tage.«

Manchmal kann sie mir ganz schön zusetzen mit ihren unheilvollen Voraussagen. Jetzt habe ich schon selbst ein Kribbeln in der Magengegend. Solche von Zweifeln und Angst zeugende Warnungen machen sogar mich manchmal unsicher.

»Hallo, da bist du ja endlich, konntest dich nicht von deiner Liebsten losreißen, was?« necken die Freunde ihn.

»Bärbel hatte wieder einmal böse Vorahnungen. Ich

mußte sie erst beruhigen und ihr hoch und heilig versprechen, daß wir aufmerksam und sehr vorsichtig sein werden. Wir müßten, bat sie mich, jeden Schritt und Tritt prüfen, als ob wir das nicht ohnedies schon im eigenen Interesse tun würden!«

»Nun hat sie dir erst einmal die ganze Vorfreude genommen mit ihrer Miesmacherei. Also ich würde ihr das austreiben!«

»Einfach nicht hinhören, das ist die beste Lösung!«

»Ihr habt gut reden, aber so einfach kann ich mir das nicht machen. Bärbel glaubt wirklich an solche Vorahnungen und ängstigt sich dementsprechend. Was mir allerdings immer wieder auffällt, ist die Tatsache, daß diese Ahnungen meist negativ sind und mich belasten, anstatt mich zu erfreuen.«

»Das ist es ja gerade, womit sie nicht nur sich selbst, sondern auch anderen das Leben schwermacht!«

»So ein wenig abergläubisch ist wohl jeder von uns. Manche Weisheiten sind uralt: Wer Salz verstreut, verstreut sein Glück; Spinne am Morgen bringt Kummer und Sorgen; Katze von rechts nach links, Glück bringt's. Läuft die Katz' aber von links nach rechts, bringt sie Schlecht's. Wie kann man einem Kätzchen soviel Macht zutrauen? Ist doch irrwitzig, oder?«

»Es soll ja auch Leute geben, die an einem Freitag, dem Dreizehnten des Monats, am liebsten im Bett bleiben und sich die Decke über den Kopf ziehen würden. Das ist in meinen Augen genauso ein Quatsch.«

»Solche Beispiele gibt es in Mengen, und alle engen die Menschen ein, die daran glauben. Zum Beispiel: ›Wenn das Käuzchen schreit, stirbt bald einer!‹ Stirbt dann wirklich jemand, bestätigt sich dieser Aberglaube, auch wenn es Zufall war oder Schicksal. So wird der Boden des Aberglaubens gedüngt.«

»Nun stellt euch bloß einmal vor, einer von uns hat wirklich Pech und verstaucht sich den Knöchel. Dann kommt die Bärbel daher und behauptet: Ich habe es ja geahnt, aber auf mich hört ja niemand.«

»Natürlich liegt so etwas drin, und dann sieht sie sich wieder einmal in ihren Voraussagen bestätigt und wartet beim nächsten Mal wieder auf die Erfüllung, wie ein hypnotisiertes Kaninchen.«

»Für mich ist sie ein bedauernswerter Mensch, der sich nur selten der spontanen Freude hingeben kann. Singt jemand am frühen Morgen, weil er zufrieden und froh ist, kommt sie gleich warnend angelaufen: ›Wer morgens schon singt, den holt abends die Katz'!‹ Weiß man auch genau, daß sich diese Voraussage auf einen Vogel bezieht, so hat man doch einen Nasenstüber erhalten. Mit der Zeit vergeht einem das Lachen in der Nähe eines derart pessimistischen Menschen. Nur gut, daß du das genaue Gegenteil bist, Thilo, sonst wäre aus euch eine weltfremde, ängstliche Familie geworden.«

»Das kann schon sein. Aber gerade weil Bärbel vieles so negativ sieht, achte ich inzwischen darauf, daß ich dem Tag vertrauensvoll gegenübertrete, und ich kann oft feststellen, daß sich meine guten Voraussagen mindestens ebensooft erfüllen wie ihre unguten. Ich erwarte das Gute, achte auf das Erfreuliche und sehe es. Natürlich gibt es auch für mich ab und zu eine unangenehme Situation. Aber ich weiß, daß sie zum Leben dazugehört, und nehme sie hin, ohne sie zu dramatisieren. Ich hoffe immer noch, daß meine Lebenseinstellung auf Bärbel abfärbt. Zu ihrem Vorteil wäre es sicher.«

»Nun packen wir die Sorgen in den hintersten Winkel und freuen uns auf die vor uns liegende Bergtour. Abgemacht?«

Zustimmung drückte die freudige Erwartung aller Beteiligten aus.

Solche oder ähnliche Situationen haben wir alle schon erlebt. Wir freuen uns auf einen Ausflug oder eine Fahrt, sei es mit dem Auto, sei es mit dem Fahrrad, und dann kommt uns jemand mit seiner pessimistischen Lebenseinstellung in die Quere. Sicher, er meint es gut mit uns, aber auch gut mit sich selbst. Seine schwarzseherischen Vorausahnungen geben ihm, wie er meint, die Berechtigung, uns zu warnen und zu schützen. Sie geben ihm aber auch die tiefe innere Befriedigung, falls die unheilvolle Vorausahnung sich in irgendeiner Form erfüllt, mit seinen Unkenrufen auf der richtigen Fährte gewesen zu sein. Es hat den Anschein, als freuten sich diese Menschen, die Bestätigung für ihre Voraussage zu bekommen, und gleichzeitig glauben sie, daraus die Berechtigung zu gewinnen, bei nächster Gelegenheit gleich wieder ein Unheil heraufbeschwören zu dürfen. Diese Menschen leben in einem Teufelskreis, den nur sie selbst zu durchbrechen vermögen, wenn sie es wollen.

Aber wollen sie aus diesem Kreis wirklich heraus? Sie haben keinen Grund, das zu wollen, solange es Unerfreuliches gibt, das ihre Voraussagen tatsächlich zu rechtfertigen scheint. Und das ist ihnen ja wohl das Wichtigste: daß sie nämlich Recht behalten. »Siehst du, das mußte ja so kommen!« oder »Das habe ich dir ja gleich gesagt!« sind typische Redewendungen solcher Leute. Doch was steht hinter dieser Rechthaberei? Eine tüchtige Portion

Verdruß und Ärger, Arger über durchlebte unangenehme Situationen.

Wir alle können uns frei entscheiden, ob wir uns auf die Sonnenseite oder auf die Schattenseite des Lebens schlagen wollen. Negativ eingestellte Menschen haben sich, bewußt oder unbewußt, für die Schattenseite entschieden und leben einen großen Teil ihres Lebens nicht aus. Es ist erwiesen, daß Menschen, die sich mit dem Leben schwertun und sich durch ihre Schwarzseherei – die ja nichts anderes als ein Ausdruck von Angst und Zweifeln ist – belasten, eine kürzere Lebenserwartung haben. Sind sie aber bereit, ihre Lebenseinstellung zu ändern, vollziehen sie den Wandel vom Pessimisten zum Optimisten, dann verlängert sich auch ihre Lebenschance.

Wir alle haben in uns die Anlage zum Positiven und zum Negativen. Es ist jedoch unsere Entscheidung, welche Seite unseres Wesens wir entwickeln wollen. Wir können die positiven Fähigkeiten in unserem Innern wecken und unser Vertrauen in uns selbst und in andere Menschen stärken und entfalten. Wir können aus einem Negativkreis der schlechten Vorahnungen aussteigen und in den Positivkreis freudiger Erwartung des Guten einsteigen. Nach den ersten Vertrauen erweckenden Erfolgen werden wir selbst sehen und spüren, wie gut es sich auf der lichten Seite unseres Daseins leben läßt.

Wir selbst haben es in der Hand, jeden Tag mit Freude am Leben zu beginnen. Unser positives Denken zieht auch positive Gefühle nach sich. Wir fühlen uns harmonisch gestimmt und blicken zuversichtlicher in den Tag. Neue Kraft, die uns während der Nacht zugewachsen ist, kann sich frei entfalten. Unsere Augen blicken klarer in die Umwelt, freuen sich an den leuchtenden Augen eines

Menschen oder an den tanzenden Sonnenstrahlen, die schräg durch die Äste eines Baumes fallen.

Wir erleben den Alltag nicht mehr als lähmend, bedrückend und bedrohend, sondern nehmen ihn in seiner Abwechslung und Farbigkeit wahr. Wir sehen jeden Tag und jede Stunde als Chance, etwas Neues zu sehen und auszuprobieren. Wir grüßen einen Menschen auf unserem Weg zur Arbeit oder zum Bäcker. Unsere eigene lebensbejahende Ausstrahlung wirkt positiv auf andere Menschen und entzündet in ihnen eine ähnliche Wirkung. Manchmal ist sie kaum spürbar, manchmal kommt sie genauso stark oder noch intensiver zurück. Diese Wirkung kann wie eine Welle der Wärme oder der Liebe wahrgenommen werden und hüllt uns auch selbst in einen wärmenden und schützenden Mantel ein.

Das, was für uns wichtig ist, heißt: Ausstrahlung geben und Ausstrahlung empfangen. Menschen mit einer starken positiven Ausstrahlung sind immer von vielen Menschen umgeben, die sich einfach angezogen fühlen, meist ohne zu wissen, was es ist, das sie so anzieht. Sie spüren das Fluidum und genießen es. Andere Menschen wiederum wissen um diese Kraft, öffnen weit ihre Herzen und nehmen die Kraft und die Liebe dieses besonderen Menschen dankbar und bewußt an.

Wie unsere Ausstrahlung – eine positive wie leider auch eine negative – andere Menschen erreicht und in sie eindringt, so wirken auch unsere Gedanken, die in einen anderen Menschen eingehen und in der Realität einlösen, was zuvor nur eine Idee war, eine Idee allerdings, die lebt und wirkt. Unsere Gedanken sind eine Macht. Die Inhalte unseres Denkens üben auf unsere Umgebung einen nachhaltigen Einfluß aus.

Wir können anderen Menschen Gedanken schicken, die voller Liebe und voller Kraft sind. Wir können unseren Mitmenschen, besonders Menschen, die uns nahestehen, Wünsche mit auf ihren Lebensweg geben. Vielleicht sind es Wünsche nur für einen Tag, für eine bestimmte Stunde. Sie können in Erfüllung gehen, wenn wir sie intensiv genug denken. Viele Menschen wissen um die positive Kraft eines Gebetes, viele Menschen auch um die verhängnisvolle Wirkung eines Fluches.

Nutzen wir, da wir um die Macht der Gedanken wissen, diese Kraft in positiver Weise, um dazu beizutragen, unser Leben und das unserer Mitmenschen auf dieser Erde sicherer, zufriedener und harmonischer zu gestalten!

Die eigene Welt wandelt sich zum Besseren

Leise Musik klingt aus dem Radiowecker. Judith reibt sich verschlafen die Augen, reckt und streckt sich und genießt noch einen Augenblick die wohlige Wärme ihres Bettes. Dann hüpft sie heraus und geht ins Bad zur Morgentoilette. Dabei kann sie so schön den neuen Tag planen. Montag ist heute, eine neue Woche liegt vor uns, packen wir sie beim Schopf. Das Wasser prickelt erfrischend auf der Haut. Während sie sich noch trocken rubbelt, geht sie ins Kinderzimmer: »Nicole, Babsi, aufstehen, es wird Zeit!«

Jeder Wochentag läuft in einem wohlbekannten Rhythmus mit immer wiederkehrendem Ritual ab. Während die Töchter im Bad sind, bereitet Judith das Frühstück vor, dann sitzen sie zusammen, besprechen den

Tag und verlassen wenig später gemeinsam die Wohnung. Judith setzt die Mädchen vor der Schule ab und fährt weiter in die Innenstadt. Nachdem sie den »Straßenfloh«, ihren Minicooper, geparkt und sorgsam verschlossen hat, schlendert sie zwei Straßenzüge entlang, sieht sich die hübsch dekorierten Schaufenster an und freut sich über die frische Luft. Um diese Zeit ist hier in der Fußgängerzone noch nicht viel los. Ein paar Frühaufsteher sind auf dem Weg zur Arbeit. Sie hetzen mit mürrischen, verschlossenen Gesichtern vorbei, denen man ansieht, wie ungern sie ihr Tagewerk beginnen.

Inzwischen ist Judith vor der Boutique angekommen, eine gute halbe Stunde vor der Zeit. Sie kramt den Schlüssel aus der Tasche, öffnet die Türe und schließt sie hinter sich zu. Die Zeit nutzt sie, um die Thermoskanne mit Kaffee zu füllen. Wer weiß, ob später, in der Hektik des Tages, dafür noch Zeit bliebe.

Sie zählt das Wechselgeld in die Ladenkasse und prüft die Bestände in den einzelnen Regalen. Dabei fällt ihr ein Pulli in die Hand, der ihr schon am Samstag gut gefiel. Sie geht in die Kabine und zieht ihn an. Als sie prüfend vor dem großen Ladenspiegel steht, klopft es. Anke, ihre Kollegin, erscheint. Mit einem herzlichen »Guten Morgen« wird sie von Judith begrüßt, erhält aber nur ein gemurmeltes »Morgen« zur Antwort. Aha, wieder einmal bei schlechter Laune, das Mädchen. Ich laß mir aber meinen Tag deswegen nicht verderben. »Sieh mal, Anke, steht mir der Pullover nicht ausgezeichnet? Ich fühle mich pudelwohl.«

»Und das am Montagmorgen! Wann fühlst du dich eigentlich nicht wohl?«

Etwas Neid klingt aus der Antwort, aber auch das

ignoriert Judith. »Du hast recht, ich bin zufrieden mit meinem Leben und freue mich über jeden neuen Tag als ein Geschenk des Himmels.«

»Das verstehe ich nicht. Nun, du bist mir, ehrlich gesagt, ein Rätsel. Das leichteste Los hast du doch wirklich nicht gezogen und trotzdem bist du immer fröhlich und gutgelaunt. Wie machst du das nur?«

So früh am Morgen kommt selten Kundschaft, und so können die beiden Frauen ihre Unterhaltung ungestört fortsetzen, während sie nebenbei neue Ware einsortieren. »Ich werde dir mein Geheimnis verraten. Ich war auch nicht immer so zufrieden, im Gegenteil. Es gab Zeiten, da hätte ich am liebsten das Handtuch geworfen. Während meiner Ehejahre wurde es immer schlimmer. Ich sah jedem Tag mit Grauen entgegen, hatte an nichts Freude und zu nichts Lust. Ich quälte mich von einem Tag zum anderen. Dieses paßte mir nicht und jenes machte mich wütend. Ich ärgerte mich über jede Kleinigkeit, bis mir die Galle überlief.

In meinem Leben gab es nur graue Seiten, für die Zukunft sah ich schwarz. Ob das nun meine Familie, meine Ehe oder meine Kinder betraf, alles schien mir zu entgleiten. Die Welt um mich herum war genauso trübe wie die Welt im größeren Rahmen. Wenn ich in diesem mir so verhaßten Gesichtskreis nicht eingehen wollte wie eine verblühte Primel, dann mußte ich schleunigst etwas unternehmen. Ich mußte eine Lösung finden und eine Entscheidung treffen.«

»Man muß sich laufend entscheiden, aber das ändert doch nichts am eigentlichen Leben!« unterbrach Anke Judiths Erzählung.

»Doch! Das ändert alles. Ich habe mich damals entschieden, daß das Leben lebenswert ist, und ich wollte das Beste daraus machen. So begann meine Suche nach dem richtigen Weg für mich. Meine Ehe war für mich ein Käfig. Wollte ich einmal bloß ein wenig flattern, verletzte ich mir sogleich die Flügel. Ich wollte aber nicht mehr verletzt werden. Also befreite ich mich!«

Sie machte eine Pause, dann fuhr sie fort: »Als Babsi sich damals anmeldete, war ich neunzehn und hatte mein Abitur gerade in der Tasche. Aus meinem geplanten Studium wurde nichts. Ich mußte heiraten, und damit begann das Dilemma. Ich lebte ständig in Abhängigkeit und unter Zwang. Das bedrückte mich in zunehmendem Maße, bis ich eine ständig nörgelnde, unzufriedene Frau wurde, die sich gehenließ.«

»Das kann man heute kaum noch glauben«, meinte Anke.

»Ja – weil ich den Absprung geschafft habe! Dies hier ist zwar nicht mein Traumjob, aber er hat auch sehr viele Vorteile, und ich bin gerne bereit, diese Vorteile zu sehen und zu nutzen. Dank meinem Vorsatz, aus jeder Lage das Beste zu machen, überall zuerst nach dem Guten zu suchen, hat sich meine Welt zum Besseren gewandelt. Und wo ein Lichtschimmer am Horizont zu sehen ist, wird bald die Sonne aufgehen, und wir sehen dann viel besser den Weg, den wir gehen müssen.«

Judith, eine junge, aufgeschlossene Frau unserer Gegenwart, hat sich entschlossen, ihren eigenen Weg zu gehen. Viele Menschen, unabhängig von Alter, Geschlecht und Beruf, tun ein Gleiches. Wie kommt das, und woran liegt das?

Die heutige Gesellschaft, in der wir leben, ist toleranter, aufgeschlossener und großzügiger dem einzelnen gegenüber. Die gesellschaftlichen Schranken, die früher vielleicht ihre Berechtigung hatten, sind weitgehend aufgehoben und geben jedem Menschen, der dazu entschlossen ist, die Möglichkeit, sich so zu entfalten, wie er es sich vorstellt oder wünscht. Und das gilt für Frauen ebenso wie für die Männer.

»Wo ein Wille ist, da ist auch ein Weg!« Viele Menschen sind diesen Weg auch schon in früheren Zeiten gegangen, ungeachtet des Gespötts und des Gelächters der anderen. Unbeirrt haben sie ihren Weg verfolgt, ohne ihr Ziel aus dem Auge zu verlieren. Und in dem Maße, wie sie sich selbst verwirklichten, stellten sich auch die Achtung und Bewunderung der Umwelt ein – und sei es erst später nach ihrem Tod.

JOHANNA, die Jungfrau von Orléans, erzählte von ihren Stimmen, die von Gott kämen. Die Kirche wollte ihr nicht glauben und ließ sie verbrennen. Aber nach ihrem Tode wurde sie heiliggesprochen. KOPERNIKUS erkannte, daß die Erde sich um die Sonne dreht. Er wurde deswegen verlacht und verfolgt. Erst viel später fand das von ihm bewiesene heliozentrische Weltbild allgemeine Anerkennung. EDISON fand heraus, wie man kosmische Energie in Licht transformieren kann. Er richtete das erste Elektrizitätswerk ein, und dennoch lachten ihn anfänglich die Leute aus, als er behauptete, mit dieser Energie die Nacht taghell erleuchten zu können. Heute spottet niemand mehr. Für uns ist es normal, ein Fußballspiel bei Flutlicht zu sehen, beim Scheinwerferlicht durch die Nacht zu fahren oder uns auf die Lichtsignale der Leuchttürme zu verlassen, die im Dunkel der Nacht den Schiffen den Weg weisen.

In unserem aufgeklärten Zeitalter droht uns, wenn wir unseren eigenen Weg gehen, nicht mehr der Scheiterhaufen. Wenn wir auch nicht so hohe Ziele wie die vorstehend erwähnten Genies der Geschichte anstreben, so haben doch auch wir die Aufgabe, uns zu verwirklichen, und die Möglichkeit, uns zu verändern. Jeder kann sich aus der Masse herausheben und seine Eigenart erkennen.

EDISON baute ein Elektrizitätswerk, das für alle sichtbar dastand. Aber machen wir uns eigentlich klar, daß wir alle unser eigenes Elektrizitätswerk in uns tragen? Unser Kraftwerk, unsere Kraftanlage! Wenn wir in uns hineinhorchen und ehrlich mit uns selber sind, dann werden wir auch die Sehnsüchte, die uns manchmal beunruhigen, stillen und unsere innigsten Anliegen verwirklichen können. Voraussetzung ist und bleibt die eigene Ehrlichkeit. Sitze ich in einem düsteren Tal und will ich wirklich heraus, so finde ich auch einen Ausweg!

Aber wie viele Menschen spielen ihr eigenes Spiel und fordern andere zum Mitspielen auf! Sie jammern und klagen, bemitleiden sich selbst. Sie weinen über ihr angeblich so schweres Los, das sich nicht mehr ändern lasse, weil sie zu alt seien, unter Kopfschmerzen leiden, verheiratet seien, kein Geld hätten ... Und die Menschen, die zuhören, spielen mit. Sie wenden für die Bedauernswerten Zeit und Aufmerksamkeit und Anteilnahme auf. Ja, warum soll sich der Mensch ändern, wenn ihm doch soviel Zuwendung zuteil wird!

Und das ist wohl der springende Punkt: Innerlich sind diese Menschen trotz dieser Zuwendung nicht zufrieden, weil sie von anderen Menschen abhängig sind. Sie spielen und nehmen ihre tiefen Sehnsüchte und Bedürfnisse nicht ernst. »Wer mit dem Leben spielt, kommt nie zurecht, wer sich nicht selbst befiehlt, bleibt immer Knecht.« Wann endlich wollen wir das Knechtsein ablegen, wann endlich wollen wir aufwachen und unsere eigene Welt, unser Leben zum Besseren wandeln? In einem Monat, in einer Woche oder vielleicht sofort?

Wir können in unserem Denken, Sagen und Handeln ein vollkommen neues Lebensgefühl spüren, wenn die Sehnsucht nach Änderung vorhanden ist. Wir erreichen unser Ziel nicht mit Druck oder Gewalt, sondern durch Zielstrebigkeit und Beständigkeit. Schritt für Schritt gehen wir voran, bewußt horchen wir in uns hinein und freuen uns über das Gelingen.

Wir können uns Wünsche notieren, natürlich im angemessenen Rahmen, zum Beispiel Geld, ein Kleid, Gesundheit, Freunde, innere Zufriedenheit. Wenn wir den innigen Wunsch haben, gesund zu werden, werden wir auch gesunden. Wir alle kennen JESU Ausspruch aus der Bibel: »Dein Glaube hat dir geholfen.«

Wenn wir intensiv an die Erfüllung unseres Wunsches glauben und uns innerlich mit unserem Anliegen beschäftigen, so haben wir den ersten Schritt getan. Wenn wir unseren Wunsch positiv formulieren und niederschreiben, kommen wir unserem Ziel wiederum näher. Wir fragen uns, welche Möglichkeiten uns offenstehen, um unser Ziel zu erreichen. Indem wir aus der Passivität aussteigen und aktiv werden, nähern wir uns dem Ziel unseres Wunsches immer mehr, bis der Augenblick der Erfüllung erreicht ist.

Wichtig ist in diesem Moment, das Erreichen des Ziels auch wahrzunehmen. Jeder Mensch ist stolz auf seinen Erfolg. Kosten wir dieses Glück aus und genießen wir es so rein und schön, wie es sich uns bietet.

Und mit diesem Empfinden können wir wohlgemut weiterleben. Haben wir erst einmal erfahren, daß wir fähig sind, aus unserem Glauben und aus unserer Kraft heraus etwas zu verändern und zu erlangen, das außerhalb unserer Reichweite lag, so können wir unbeirrt weitergehen und das nächste Ziel anstreben. Unser Glaube an uns und an unsere Kraft, die in uns ruht, wird immer mehr wachsen und gibt uns die Möglichkeit, unsere Welt immerwährend zum Besseren für uns selbst und für unsere Mitmenschen zu wandeln.

2
Der Körper ist Ausdruck der Seele

Kopf hoch – und man sieht weiter

Ein Blick auf seine Armbanduhr zeigt, daß es Zeit wird, zum Essen zu gehen. Schwerfällig erhebt Robert sich aus seinem Schreibtischstuhl, zieht den weißen Kittel aus und das Jackett an. Mit müden Schritten, den Blick auf die Straße gesenkt, verläßt er das Büro und geht zu seinem Stammlokal. Für seine Umwelt hat er keinen Blick, die Auslagen im Schaufenster interessieren ihn nicht, die buntgekleideten Urlauber, die zu dieser Jahreszeit die Innenstadt bevölkern, gehen ihm höchstens auf die Nerven. Appetit habe ich überhaupt nicht. Warum gehe ich eigentlich zum Essen, wenn ich nicht einmal den kleinsten Hunger verspüre? Nur um die Zeit totzuschlagen und weil man eben seinem Körper etwas bieten muß?

Sein Gesicht, seine Haltung, sein Gang, alles an ihm drückt Resignation aus. So betritt er das Restaurant, wo er sich täglich zum Mittagstisch einfindet, seit er wieder »alleinstehend« ist. Brummig beantwortet er den freundlichen Gruß der adretten Serviererin, läßt sich an einem freien Tisch nieder, heftet den Blick sofort auf die Speisekarte, sieht und hört nicht, was um ihn herum geschieht.

Erstaunt hebt er den Kopf, als er plötzlich angesprochen wird: »Hallo, Robert. Ist das eine freudige Überraschung, dich nach so langer Zeit wiederzusehen!«

»Tag, Eberhard.«

»Also wirklich, von Wiedersehensfreude kann bei dir wohl keine Rede sein, oder bist du neuerdings immer so abweisend?« Der Freund aus früheren Tagen läßt sich nicht abschrecken und setzt sich zu Robert an den Tisch.

»Ich habe dich gar nicht gesehen«, behauptet Robert.

»Kannst du ja auch nicht, wenn du ständig das Muster der Tischdecke studierst.«

»Seit wann bist du aus Afrika zurück?«

»Erst seit ein paar Tagen. Da gibt es viel zu erzählen, aber das kommt später. Erzähl du zuerst einmal, wie es dir ergangen ist in den letzten Jahren. Was macht deine Familie?«

Diese Fragen hat Robert befürchtet. Das Thema ist ihm sichtlich peinlich: »Ich habe keine Familie mehr. Meine Frau hat sich scheiden lassen, und die Kinder hat sie gleich mitgenommen.«

»Das erklärt ja einigermaßen deine sichtbare Veränderung. Ich hätte dich nämlich beinahe nicht erkannt. Du erschienst mir kleiner und gedrungener als früher, zumal du auch noch den Blick stur nach unten gesenkt hältst.«

»Ein tolles Bild, das du da von mir malst. Vielen Dank, aber ich weiß selber, wie ich aussehe.«

Beleidigt will Robert davonlaufen, doch Eberhard hält ihn am Ärmel zurück: »Nun mal langsam, du beleidigte Leberwurst, es war ja nicht so gemeint. Ist denn mit der Scheidung dein Leben beendet? Kopf hoch, alter Junge, es wird schon weitergehen!«

»Natürlich geht es weiter, das sehe ich auch, aber mehr auch nicht. Die Erde dreht sich weiter, alles ist wie früher, und doch ist für mich plötzlich alles grau in grau, trübe und farblos.«

»Weißt du, was ich glaube? Du sonnst dich direkt in deinem Selbstmitleid. Das macht dich blind und taub.«

»Und was meinst du, gibt es hier Besonderes zu sehen? An rettende Engel glaube ich jedenfalls nicht mehr.«

»Muß es denn gleich ein Engel sein? Aber sieh dich doch einmal um – andere Mütter haben auch schöne Töchter; das war doch früher unser Leitsatz. Wenn du dich etwas zusammenreißt, die Schultern straffst und deinen Blick nach vorn richtest, müßtest sogar du einen Lichtblick am Horizont entdecken.«

»Danke für die guten Ratschläge, davon habe ich schon eine ganze Sammlung. Wiedersehen!«

Damit will Robert sich dem Freund entziehen, doch der bleibt ihm hartnäckig auf den Fersen: »Hast du eigentlich schon für den Urlaub Pläne? Wir wollen in der nächsten Woche zu einem zweiwöchigen Segeltörn durch die Ostsee starten. Hättest du nicht Lust mitzumachen?«

»Ich will nichts hören und nichts sehen. Ich habe auch keine Lust, deine glückliche Familie zu bewundern und dabei selbst das fünfte Rad am Wagen zu sein. Gib dir keine Mühe, ich komm' schon allein zurecht!«

»Mensch, Robert, hör doch einmal zu. Wir, das sind zwei Kollegen und ich. Es ist also eine reine Männerwirtschaft an Bord.«

»Ach, ich weiß nicht recht. Mal sehen, ich rufe dich an.«

»Das ist doch schon etwas. Bis dann!«

Roberts abweisende Haltung ist angekratzt, der Panzer seines Herzens hat einen Riß bekommen. Sein Hirn arbeitet plötzlich wieder normal, und die Augen blicken nicht mehr auf den Boden, sondern suchen in der Ferne nach einem Lichtblick. Erstaunlich, was man alles mit erhobenem Kopf sehen kann!

Heute ist die Einsamkeit der Menschen alarmierend groß. Die daraus resultierenden Depressionen und Ängste wachsen in einem Maße an, daß Psychologen und Ärzte ihrer nicht mehr Herr werden.

Auf die Dauer werden einsame Menschen trübsinnig, ja sogar krank, zuerst seelisch und dann auch organisch. Wenn Sie in dieser Lage sein sollten, müssen Sie sich klarmachen: Ich bin einsam und will es nicht sein! Dagegen gibt es auch eigentlich nur ein Rezept, das uns Hilfe bringt: Aktivität. Wir dürfen nicht die Hände in den Schoß legen und auf Hilfe von anderen warten. Solange wir passiv bleiben, werden wir kaum glücklich.

Fangen Sie am besten gleich an, irgend etwas zu unternehmen, bevor Sie die Einsamkeit überwältigt. Das beste Mittel ist ein Tapetenwechsel. Gehen Sie heute abend auf ein Bier in Ihre alte Stammkneipe oder vielleicht ins Kino, oder gönnen Sie sich einen Theaterbesuch. Spielpläne stehen in jeder Tageszeitung. Sie müssen nur dem Gefühl entgehen, daß Ihnen die Decke auf den Kopf fällt.

Oft reicht es schon, wenn wir mit jemandem über unsere Probleme sprechen können. Ein großer Teil unserer Last fällt von uns ab, wenn wir sie mit einem Bekannten teilen können, und das Gefühl der Einsamkeit verfliegt, wenn wir in Gesellschaft sind.

Ich überlege ganz bewußt, welche Interessen, Wünsche oder Freunde ich in der letzten Zeit vernachlässigt habe, und fange an zu planen. Genau: Birgit und Dieter könnte ich heute abend wieder einmal zu mir nach Hause einladen. Ich werde ihnen ein schmackhaftes Essen machen. Ob ich mir das Kleid in der Boutique gegenüber kaufe? Warum eigentlich nicht? Ich habe mir in letzter Zeit sowieso nichts geleistet. Die beiden haben Sinn für alles Modische und werden das Kleid sicher schön finden. Das wird mir Auftrieb geben. Nun noch schnell fürs Abendessen einkaufen. Wie die Zeit plötzlich verfliegt. Ich kann schon wieder lachen und lustig sein, bin eine andere Frau!

Außerdem informiere ich mich, welche kreativen Hobbykurse wie zum Beispiel Malen, Basteln, Töpfern und Kochen am Ort angeboten werden. Gibt es vielleicht einen interessanten Verein, in den ich eventuell eintreten könnte. Dabei könnte ich bestimmt nette Menschen kennenlernen.

Wenn wir so oder auch ganz anders unsere Freizeit planen, kann Eintönigkeit und Einsamkeit vermieden werden. Wir brauchen Menschen um uns herum; also sollten wir versuchen, sie zu finden, wenigstens einen. Wir sollten selbst den ersten Schritt dafür tun.

Ich überlege: Ist meine Einsamkeit eigentlich tatsächlich vorhanden, oder habe ich nur das Gefühl, einsam zu sein, weil ich in der letzten Zeit keine rechte Lust hatte, mit anderen Menschen zusammen zu sein? Wann habe ich das Gefühl? Wenn ich allein in der Wohnung bin und ein regnerischer Tag ist und alles grau in grau erscheint. Ich versuche, meine Wohnung so gemütlich wie möglich zu gestalten. Ein bißchen Arbeit kann da schon Wunder wirken. Ich stelle das Sofa an die andere Wand und den Schrank an die gegenüberliegende Seite. Vielleicht tapeziere ich eine Wand neu, und schon fühle ich mich wie in einer ganz neuen Umgebung.

Wie wäre es mit einem Morgenlauf um den Häuserblock? Es muß daraus keine sportliche Leistung werden; es genügt ein wenig Bewegung an der frischen Luft. Wenn sich der Körper fit fühlt, fühlt sich auch unsere Seele wohler. Auch ein Spaziergang, auf dem wir die Umwelt genießen und Dinge sehen, die wir vorher nicht beachtet haben, kann heilsam für unsere Seele sein.

Im Grunde besteht die Neuorientierung zu einem positiven, einem erfüllteren und glücklichen Leben nur aus wenigen Schritten: Wir bejahen unangenehme Realitäten, auch wenn sie uns nicht passen. Wir versuchen nicht um jeden Preis, Kritik zu vermeiden. Wir streichen alles Negative aus unserer Vorstellung und versuchen, uns so schnell wie möglich davon zu befreien. Wir lassen die Vergangenheit hinter uns zurück. Wir leben nach dem Prinzip Hoffnung. Es kann nichts so schlimm werden, daß nicht noch etwas Gutes darin ist.

Sicher ist es nicht immer einfach, alles positiv zu sehen. Aber wenn das Leben auch viel Realismus erfordert und oft genug den Pessimisten recht zu geben scheint, so schaffen wir doch mit einer gesunden Portion Optimismus, die in uns allen steckt und nur geweckt werden muß, die Voraussetzung dafür, daß wir mit den größeren und kleineren Schwierigkeiten und der oft mit diesen verbundenen Einsamkeit ganz gut fertig werden. Oft ist es doch so, daß, wenn irgend etwas im Leben schiefläuft, wir uns gleich zurückziehen und uns in eine Ecke verkriechen, aus der wir nur schwer wieder herauskommen, weil wir uns zu vorschnell als Versager ansehen.

Als das Auto von Hermann F. eines morgens streikte,

mußte er notgedrungen mit dem Bus zur Arbeit fahren. An der Bushaltestelle traf er einen Bekannten, der im selben Haus wohnt, doch man kannte sich nur flüchtig. Mehr als ein »Guten Morgen« war es nie gewesen. Jetzt, da beide nebeneinander standen und auf den Bus warteten, kamen sie ins Gespräch. Sie bemerkten, daß sie beide den gleichen Weg hatten. Beide entschieden sich dafür, künftig zusammen zu fahren.

Wenn wir die Welt bewußt mit offenen Augen betrachten, bemerken wir vieles mehr, was um uns herum geschieht. Wenn wir uns etwas zutrauen, trauen wir auch anderen etwas zu. Wenn wir uns lieben, können wir auch andere lieben. Und sind wir mit unserem Leben zufrieden, können wir es auch mit unserer Umwelt sein. Die Bedingungen, unter denen wir leben, schaffen wir uns selbst aufgrund unserer Einstellung zum Leben. Niemand muß einsam sein.

Wir müssen anderen Menschen Offenheit, nicht Mißtrauen entgegenbringen. Wenn wir anderen ins Gesicht sehen, werden wir erkennen, wie die eigenen Probleme, in die wir tief verstrickt sind, sich wie von selbst lösen, weil wir unser eigenes Ich nicht mehr so sehr in den Mittelpunkt rücken. Andere Menschen haben auch Probleme, doch wir sind so sehr mit unseren eigenen Sorgen beschäftigt, daß wir deren Probleme gar nicht sehen und bemerken. Immer wieder müssen wir deshalb den Versuch machen, auf sie zuzugehen und uns auch einmal deren Sorgen anzuhören. Indem wir uns mitteilen, teilen wir Glück und Kummer, Ängste und Zuversicht und nicht zuletzt unsere eigenen Probleme mit anderen und sehen dann die Welt mit ganz anderen Augen.

Der Energiestrom der Liebe

Seit Stunden irrt Harald durch die Straßen der Stadt, ohne auch nur das geringste seiner Umwelt wahrzunehmen. Die Hände hat er tief in die Taschen seiner Windjacke vergraben, den Kragen hochgeschlagen. Den leeren Blick gesenkt, merkt er nicht einmal, daß der feine Nieselregen ihn bereits völlig durchnäßt hat. Aber dieses Wetter paßt ja auch haargenau zu seiner inneren Verfassung und zu seinen trostlosen Gedanken: Was soll das alles? Wozu all die Quälerei?

Der ständige Kampf um das nackte Dasein nimmt einem jede Lust am Leben. Arbeiten, arbeiten, Geld verdienen für das eigene Haus, für einen standesgemäßen Urlaub, mindestens drei Wochen im Jahr an einem Ort, der gerade »in« ist. Natürlich muß auch das Auto dementsprechend sein, sonst gehört man nicht mehr dazu. Die Nachbarn und Bekannten rümpfen die Nase, und man gilt als Versager, wenn diese ganzen Äußerlichkeiten nicht stimmen.

Und ich stecke mittendrin, es gibt kein Entrinnen. Unachtsam überquert er schleppenden Schrittes eine belebte Straße; erst das Hupen eines Autos läßt ihn erschrocken zusammenfahren. Ein Blick auf die Uhr zeigt ihm, daß er stundenlang durch die Gegend gelaufen sein muß. Suchend blickte er sich um: Hinter der nächsten Straßenbiegung muß der Staatsforst beginnen. Ich werde den Weg durch den Wald um die Stadt herum nehmen.

Diese Ruhe hier ist richtig wohltuend. Warum gehe ich hier nicht viel öfter spazieren? Hier könnte ich die Hektik des Tages vergessen. Wenigstens für eine Weile hat man das Gefühl, die Welt sei noch in Ordnung!

Tief einatmend setzt er seinen Weg fort, aber bald holen ihn seine schwermütigen Gedanken wieder ein: Dies hier ist ja nur ein winziger Augenblick der Ruhe, der Entspannung, und für jemanden wie mich, der einsam und allein ist, ist die Stille auch nicht gerade ermutigend. Wer fühlt schon mit mir? Mit wem könnte ich zusammen dem Gesang der Vögel lauschen, ohne daß ich als Träumer belächelt würde? Außer Geld und materiellen Werten zählt in der heutigen Zeit nichts. Und ich habe nicht die Kraft, meine eigenen Vorstellungen von einem sinnvollen Leben durchzusetzen. Ich passe mich an, renne mit in der riesigen Schafherde, immer dem Leithammel nach, konsumiere wie alle anderen auch, was mir vorgesetzt wird, und das alles schon seit vielen Jahren, ohne daß eine Änderung in Sicht wäre. Nein, ich habe keine Lust mehr!

Wie wäre es, wenn ich hier im Wald bliebe – für immer? Sein Blick streift die Krone eines mächtigen Baumes: Standfest wie eine deutsche Eiche, das kann ich von mir leider nicht behaupten! Im Gegensatz zu diesem Baum fühle ich mich morsch und hohl.

Was Karin wohl sagen würde, wenn ich ihr von diesen Gedanken erzählen würde? Wäre sie entsetzt, enttäuscht von mir, oder würde sie mich einfach auslachen? Warum habe ich ihr bislang nichts von meinen Empfindungen gesagt? Wer sagt mir denn, daß es ihr nicht ebenso geht und sie sich genausowenig traut, ihre Gefühle zu zeigen?

Harald bleibt noch ein Weilchen unter dem großen Baum sitzen. Dieser völlig neue Gedanke, sich seiner Frau zu öffnen, beschäftigt ihn sehr, wühlt sein Innerstes auf, weckt Erinnerungen an die ersten Jahren ihrer Ehe, wo sie noch vieles leichter, aber vor allem alles gemeinsam durchlebten und durchstanden. Hoffnung keimt in ihm auf: Auf jeden Fall ist es einen Versuch wert! Wenn von unserer Liebe nichts geblieben ist und sie mich nicht versteht, dann bleibt mir dieser Baum immer noch. Dieser Entschluß gibt ihm einen winzigen Auftrieb und macht es ihm leichter, nach Hause zurückzukehren.

»Erhebe dich, du schwacher Geist, und mach dich auf die Beine!« Mit dieser Aufforderung macht er sich auf den Heimweg. Er atmet tief die würzige Waldluft ein und entwirft einen »Schlachtplan«.

»Karin, ich möchte dich am Wochenende entführen, kannst du Mutter zum Kinderhüten holen?« Erstaunt blickt Karin ihrem Mann in die Augen, erkennt die Veränderung, die mit ihm vorgegangen ist, und stimmt erfreut zu.

Schon auf dem Weg hinaus an den kleinen, stillen See entwickelt sich ein Gespräch, wie sie es in solcher Offenheit schon lange nicht mehr miteinander geführt haben. So faßt Harald sich auch schon bald ein Herz und beichtet Karin seine geheimsten Gefühle, erzählt von der Leere und Lustlosigkeit und seinem Gefühl, daß ihm die Kraft fehle, so weiter zu leben wie bisher.

Karin schmiegt sich in seine Arme: »Wir beide haben wohl ein Brett vor dem Kopf gehabt in den letzten Jahren, haben aneinander vorbeigelebt. Anstatt uns gegenseitig zu vertrauen und aus unserer Liebe Kraft zu schöpfen, haben wir uns von der Allgemeinheit mitreißen lassen in einen Lebensstil, der nicht zu uns paßt.«

»Jeder wollte den anderen schonen, und so sind wir in völlig falsche Geleise geraten und haben dabei viel Energie an das Goldene Kalb vergeudet, anstatt uns gegenseitig zu stützen. Und dabei kam die Liebe zu kurz.«

Heutzutage wird Sex oft mit Liebe verwechselt. Dabei ist Sex nicht einmal dasselbe wie Sexualität, sondern dem Inhalt wie dem Wort nach eine Abkürzung, die sie ihrer wesentlichen Qualität beraubt. Sex ist aufreizend, trifft uns an bestimmten Stellen, umfaßt uns aber nicht ganz. Sex dient dem Reiz und der Befriedigung, hat aber mit Liebe nur wenig zu tun.

Das Geheimnis jeder Liebe heißt: Im Gespräch bleiben! Nur dann hat sie Bestand. Liebende müssen immer und über alles, auch wenn es bedeutungslos erscheint, miteinander sprechen. Sexuelle Reize erlöschen, Gefühle sind Schwankungen ausgesetzt, aber Krisen zu überwinden, Liebe immer wieder neu werden zu lassen, das gelingt uns nur, wenn wir im Gespräch miteinander bleiben.

Wir alle wollen den Partner fürs Leben finden, sehnen uns nach Erwiderung unserer Gefühle, suchen das Einssein mit einem einzigen Menschen. Wenn wir frisch verliebt sind, leuchtet der Alltag farbig und schön. Dank der Liebe wird jeder Tag für uns verzaubert, dank der Liebe können wir die Einsamkeit, unsere Probleme und das alltägliche Einerlei vergessen.

Im Laufe der Jahre schwächt diese Liebe sich ab. Doch dafür werden andere Qualitäten geweckt. Schicksale werden miteinander durchlebt, Erfahrungsaustausch und gegenseitige Unterstützung kommen hinzu und führen uns fester zusammen. Nun ist aus der Liebe ein Geben und Nehmen geworden, ein Sichbrauchen und Gebrauchtwerden.

Doch oft kommt in Ehen auch Langeweile auf. Sie höhlt die Beziehung mit dem Partner aus. Die Liebe wird zum alltäglichen Einerlei. Dann sind wir mit unserem

Leben unzufrieden; wir möchten »aussteigen«. Wie schön wäre es, wenn ich jetzt an einem sonnigen Strand liegen könnte, statt hier am langweiligen Schreibtisch zu sitzen! Wie gut könnte ich es haben, wenn ich eine andere Tätigkeit ausüben würde, bei der ich in der Welt herumkommen könnte! So denken manche von uns. Dabei vergessen wir, wie gut wir es eigentlich haben. Wir lieben, und wir werden geliebt. Wir dürfen diese Liebe nur nicht im Alltagstrott verkümmern lassen.

Überlegen Sie einmal, wie Sie Ihre Ehe wieder reizvoller und schöner gestalten könnten. Anstatt nach der Arbeit in die Stammkneipe zu gehen, statten Sie lieber einem Blumenladen einen kurzen Besuch ab und erfreuen Ihre Frau dann mit einem hübschen Strauß Blumen. Überraschen Sie sie mit zwei Theaterkarten oder laden Sie sie in ein gemütliches Restaurant zum Essen ein. Umgekehrt können Sie als Frau sich auch für Ihren Ehemann einmal besonders schick zurechtmachen, wenn er von der Arbeit heimkommt. Er wird sie anerkennend bewundern. Bereiten Sie ein besonders schmackhaftes Mahl zu, servieren Sie es auf einem hübsch gedeckten Tisch, es dürfen auch Kerzen brennen. Die Atmosphäre wird ihn ermuntern, Sie wieder mit ganz anderen Augen zu sehen.

Die Voraussetzung für ein künftiges Glück ist in einem ausgeglichenen Selbst zu finden. Wenn wir alle Energie für einen Neubeginn aufbringen, ist die Chance für ein gutes Gelingen groß. Investieren Sie in menschliche Beziehungen. Es lohnt sich, auch wenn Sie vielleicht nicht sofort beim Partner ankommen sollten. So haben Sie jedenfalls die positiven Kräfte gestärkt und entwickelt.

Eine Liebe wächst nicht durch Besitz, Erfolg und Anerkennung. Sie muß in uns, nicht um uns herum wachsen.

Sicher lebt die Ehe nicht nur von Liebesfesten und -freuden; sie besteht auch aus Arbeit und Alltag. Was können wir tun, um beides in Einklang zu bringen und dabei die Liebe aufzubauen und zu erhalten?

Nehmen Sie Konflikte an und bejahen Sie sie! Teilen Sie Ihre Probleme! Sprechen Sie sich aus! Drücken Sie Ihre Gefühle aus und bestimmen Sie Ihre Interessen! Hören Sie aktiv zu und verstehen Sie auch die Signale des anderen! Erzwingen Sie nichts und lassen Sie Ihrem Partner Entscheidungsfreiheit!

Jeder Mensch freut sich, wenn er Dank, Lob und Anerkennung erntet. Es müssen keine großen Geschenke sein, eine Kleinigkeit oder ein liebes Wort wirkt oft auch schon Wunder. Genießen Sie den Reiz, den Sie für den Partner haben. Freuen Sie sich über seine Gegenwart und die Eigenschaften, die Ihnen an ihm oder ihr gefallen. Versuchen Sie, immer mehr zu geben als zu nehmen. Der Partner wird es zu schätzen wissen. Nur so werden Sie die Fülle des Glücks und die Erfüllung der Liebe erfahren.

Fürchten Sie keinen Verlust mit dem Alter. Liebe hat viele Dimensionen und vermag sich über viele menschliche und sachliche Handikaps hinwegzusetzen. Es können diesbezügliche Gemeinsamkeiten gefunden und geschaffen werden. Zeigen Sie Ihrem Partner, daß Sie ihn brauchen und daß Sie immer für ihn da sind, wenn er Hilfe braucht. Zu zweit lösen sich alle Probleme besser. Liebe können wir nicht erzwingen, aber wir können sehr viel für sie tun.

Wenn wir bereit sind, Liebe und Glück unter den uns

vorgegebenen Umständen zu realisieren und Glück auch noch im Unglück sehen und akzeptieren können, wenn wir also ja zu uns selbst und unseren Lebensumständen sagen, dann wird unsere Liebesfähigkeit in ungeahntem Maße wachsen.

Hoffnung belebt – wer nicht mehr hofft, stirbt

Auf der Intensivstation des Krankenhauses herrschte reges Treiben, ein Unfallkranker nach dem anderen wurde eingeliefert. Dieses schwül-warme Wetter schien am laufenden Band Opfer zu fordern. Die Hitze machte aggressiv, was die vielen Verkehrsunfälle erklärte. Besonders gefährdet waren aber auch die Herz- und Kreislaufkranken.

Hinter einer dieser Türen kehrte ein Mann mittleren Alters langsam in die Wirklichkeit zurück. Bei noch geschlossenen Augen hörte er jemanden im Zimmer hantieren, spürte die Schläuche in der Nase und die Schwere seiner Beine. Nein, so kann es nicht im Jenseits, sondern nur im Krankenhaus riechen – ich lebe also noch! Ein schwerer Seufzer entrang sich seiner Brust.

Die meisten Menschen würden freudig, zumindest aber erleichtert ins Leben zurückkehren. Nicht so Kurt, er war zutiefst enttäuscht. Es hat also nicht geklappt, und nun haben mich die ehrgeizigen Ärzte wieder zusammengeflickt. Na ja, die können ja auch nicht wissen, daß ich mit Absicht gegen den Baum gefahren bin, um meinem hoffnungslos verkorksten Leben ein Ende zu setzen. Ich muß also weiterleben, aber wie? Mit diesen trostlosen Gedanken schlief er wieder ein, dankbar für die Dunkelheit, die ihn umfing und in der er am liebsten ganz und für alle Zeiten versunken wäre.

Tagelang dämmerte er dahin, ohne ersichtlichen Grund blieb er bewußtlos. Die körperlichen Schäden waren nicht so gravierend. So standen die Ärzte vor einem Rätsel. Der Patient ließ alles mit sich geschehen, ohne jemals eine Regung zu zeigen. Einer der Ärzte sprach aus, was auch die anderen dachten: »Der hat keinen Lebenswillen in sich!« Er ließ sich den Unfallbericht kommen, der seine Vermutung zu bestätigen schien. Da hieß es: Der Fahrer des PKW kam ohne ersichtlichen Grund von der Fahrbahn ab und prallte frontal gegen einen Baum.

Dieser Arzt war es auch, der in langen Gesprächen das Vertrauen des Patienten gewann und seine Leidensgeschichte erfuhr.

Als liebevoller Vater von fünf Kindern hatte der Mann jahrelang unermüdlich gearbeitet, um seiner Familie ein angenehmes Leben und seinen Kindern eine gute Ausbildung zu ermöglichen. Doch gegen die Verschwendungssucht seiner Frau kam er nicht an, die Schulden wuchsen ihm über den Kopf, der Gerichtsvollzieher wurde zum ständigen Besucher in seinem Haus. Er schämte sich und traute sich kaum noch auf die Straße, schon gar nicht in ein Geschäft, denn es gab kaum eines in der Kleinstadt, in dem sein Name nicht auf der schwarzen Liste der Schuldner stand. Und das alles ohne seine Schuld, ohne eigenen Nutzen.

Es gab Krach und Streit zwischen den Eheleuten. Er drohte mit Scheidung und dachte sogar an Entmündigung, aber dazu fehlte ihm der Mut. So gingen die Jahre dahin, und er hatte kaum noch Hoffnung, jemals wieder aus dieser Misere herauszukommen. Wenn nicht seine geliebten Kinder gewesen wären, hätte er seine Familie schon vor Jahren verlassen. Sich wortlos zu verabschieden konnte er jedoch nicht mit seinem Gewissen vereinbaren. So arbeitete er Tag für Tag, Jahr für Jahr, schaffte Geld heran und wartete darauf, daß die Kinder selbständig wurden. Doch darauf zu warten und derweilen die Blamage und das Gerede der Mitmenschen zu ertragen, dazu fehlte ihm die Kraft. Müde und zermürbt, wie er war, wurde jeder neue Tag zu einer fast unerträglichen Qual. Mit seinen Kräften schwanden auch sein Lebenswille und seine Hoffnung auf eine Wende.

In einer der immer häufiger wiederkehrenden Depressionen, die ihn in tiefe Mut- und Hoffnungslosigkeit stürzten, faßte er dann den fatalen Entschluß, seinem Leben ein Ende zu setzen. Seelisch war er längst abgestumpft und gestorben. Durch seinen Tod würde er die Familie nicht in finanzielle Nöte stürzen. Das Geld aus der Lebensversicherung würde ausreichen, die Ausbildung der Kinder sicherzustellen. Sie würden, so bildete er sich ein, seinen Tod schnell verkraften, und er selber hätte die langersehnte Ruhe und den seelischen Frieden.

Nun aber sollte alles wieder von vorn beginnen. Gegen diese »Zumutung« sträubten sich Seele und Körper mit aller Kraft. Seine Gedanken drehten sich bereits um die nächste »Chance«, sich selbst zu zerstören. Seine Hoffnungslosigkeit schnürte ihm die Luft ab und legte sich wie ein eiserner Ring um sein Herz.

Kein Mensch kann und will ohne Hoffnung leben. Wenn wir keine Hoffnung mehr haben, gehen wir einem düsteren Schicksal entgegen. Den einzigen Ausweg scheint der Tod zu bieten.

Der wichtigste Grund zu hoffen ist unser Leben selbst. Es wird über unsere Zukunft und die der nächsten Generation hinausreichen, wenn wir nicht selbstmörderisch unsere Lebensgrundlagen vernichten. Unser Leben weist über uns hinaus. Es lohnt sich immer, alles für die Hoffnung einzusetzen und sich gegen den Glauben zu stemmen, das Leben werde nur noch schlechter.

Es gibt viele Gründe, zu leben und zu hoffen: Kinder, die heranwachsen und jedes Jahr neu geboren werden; der Frühling, der auf jeden Winter folgt; Liebe, die immer neu ist und uns verändert; Lieder, die ins Herz gehen; und all die Erfahrungen, die uns immer neue Zuversicht schenken und uns glücklicher und froher machen.

Eines Tages erhält ein Familienvater den Kündigungsbrief. Er wird mit dem Verlust seines Arbeitsplatzes nicht fertig. »Wovon sollen wir leben?« Seine besten Kräfte, Lebensmut und Hoffnung, versiegen, seine Vitalität wird gedämpft, so daß das Leben keinerlei Freude mehr macht. Er hat das Gefühl, daß die Welt keine Chancen mehr bietet. In einer solchen depressiven Lage sieht sich der Mensch nur noch als Spielball des Schicksals. »Früher bin ich auf ein Glas Bier zum Stammtisch gegangen, oder wir haben eine Wochenendtour mit Freunden unternommen. Das alles ist jetzt vorbei, wir können es uns nicht mehr leisten.« Wenn der Wohlstand, an den wir uns gewöhnt haben, geschmälert wird, verfallen wir sehr schnell Depressionen. Hinzu kommt, daß wir mit der zunehmenden Freizeit nichts Rechtes anzufangen wissen.

Doch solche Krisen gehören zum Leben. Wir dürfen nicht an ihnen verzweifeln, sondern müssen gerade an ihnen unseren Mut erproben. Erst kürzlich hat mir jemand erzählt, der seine Arbeitsstelle verlor, er habe sich sein Wissen, das er sich im Laufe der Jahre bei seiner früheren Firma angeeignet hatte, zunutze gemacht und eine eigene kleine Werkstatt aufgemacht. Das Beispiel beweist, daß man nie verzweifeln, aber handeln sollte.

Wenn Sie glauben, auf dem Tiefpunkt der Hoffnungslosigkeit angelangt zu sein, sollten auch Sie nicht verzweifeln, sondern sich ganz einfach klarmachen, daß Krisen unvermeidlich sind. Auch die glücklichste Entwicklung kann nicht immer gleichmäßig so weitergehen. Je länger sie dauert, um so eher müssen Stärken zu Schwächen werden.

Sagen Sie sich: Ich muß lernen, mich zu akzeptieren, mir selbst den größten Stellenwert in meinem Leben zu geben, nicht am Wegrand zu sitzen und auf Hilfe von außen zu warten. Ich entdecke den in jedem Menschen versteckten Glanz und poliere ihn auf. Ich muß an mich glauben, und zwar an mich, so wie ich bin mit allen meinen körperlichen und geistigen Unvollkommenheiten. Wir alle sind keine Adonis oder Einsteins. Ich kann mich aber auf das stützen, was in mir steckt. Ich kann neue Chancen nutzen und daraus neue Lebenshoffnung ableiten. Ich kann und muß mich von der Vergangenheit verabschieden. Nur dann kann ich das Positive in Gegenwart und Zukunft entdecken und bejahen. Davon hängt letzten Endes Sinnerfüllung und Lebenshoffnung ab.

Wir leben im Augenblick, in jedem Augenblick, und müssen die Chancen, die er bietet, nutzen. Wenn wir das Leben lieben, dann dürfen wir keine Zeit verschwenden, denn aus Zeit ist das Leben gemacht. Ich lebe nach dem Prinzip Hoffnung: Auch im Schlimmsten steckt immer noch etwas Gutes. Ich werde mein Leben und die Zukunft meistern. Der mir bis jetzt Kraft gegeben hat, wird sie mir auch weiterhin geben. Auch wenn die Kräfte schwinden, werde ich genügend Mut behalten und neuen Mut schöpfen, um das Leben schön und lebenswert zu finden.

Ich frage mich stets, was ich Gutes tun und wofür ich gut sein kann. Ich suche mir Aufgaben und Menschen, die mich brauchen. Wenn ich jeden Tag beginne, als ob es der erste wäre und zugleich der letzte sein könnte, werde ich ihn als ein Geschenk hinnehmen, das an Wert gewinnt und nicht verliert. Ich werde den Frühling erwarten und sehen, wie die Natur erwacht; ich werde die Blütenpracht des Sommers genießen, die Fülle des Herbstes einbringen und die Ruhe des Winters genießen.

Akzeptieren Sie die Hoffnung als Grundtatsache des Lebens selbst und als Voraussetzung allen Überlebens.

Vor einem halben Jahr läutete bei Christine B. das Telefon. Der Anruf kam aus einem Krankenhaus. Die Stimme am Apparat teilte ihr mit, ihr Mann habe einen Autounfall gehabt. Ein paar Tage später starb er an den Folgen des Unfalles. Plötzlich stand sie ganz allein im Leben. Sie fragte sich: Hat mein Leben jetzt noch einen Sinn? Wir wollten noch so vieles miteinander erleben!

Nach dem Verlust eines nahestehenden Menschen verändert sich das Leben radikal. Gerade dann muß sich jedoch der Lebensmut des Überlebenden erweisen. Die Lücke bleibt, sie ist nicht mehr zu füllen. Auch die Trauer bleibt, selbst wenn sie sich im Laufe der Jahre abschwächt. Doch unabweislich ist die Auseinandersetzung mit Tod und Leben. Wir müssen uns mit dem Verlust abfinden und dürfen uns nicht betäuben – auf die Dauer läßt sich eine solche Betäubung auch gar nicht durchhalten –, sondern müssen uns gerade in einem solchen Fall immer wieder die Frage nach dem Sinn des Lebens stellen. Mit der Antwort, die wir uns selbst geben, leben wir weiter. Letztlich entscheiden wir, indem wir unbeirrbar auf Hoffnung und Liebe in unserem Leben setzen, über die ungewisse Zukunft der Welt.

Das Leben wirkt fort und will sich erhalten. Und wollen wir nicht auch das gleiche? Ist nicht unser Selbsterhaltungswille so stark, daß er sich immer wieder durchsetzt?

Das Leben selbst ist auf unsere Hoffnung angewiesen. Und diese Hoffnung erzeugt strahlende Augen, springt über, verbreitet Zuversicht, motiviert uns alle zu Taten und Werken, die ohne sie nie zustande kämen. Hoffnung hält uns am Leben. Und mit ihr sieht plötzlich alles um uns herum anders aus. Das Leben erscheint uns lebenswert und schöner.

Alle Organe gehorchen der Seele

»Freunde, es ist spät. Laßt uns für heute Schluß machen.«

»Eine Runde noch, Erich. Deine Frau schimpft jetzt oder in einer halben Stunde nicht mehr und nicht weniger!«

»Also gut, eine Runde noch.« Erich ärgert sich jedoch im stillen, daß er sich wieder einmal hat überreden lassen. Es geht ja auch gar nicht so sehr um seine Frau; sie pflegt sich nur in ihrer etwas burschikosen Art von ihren Sorgen um ihn zu befreien – schließlich braucht er seinen ersehnten Schlaf, wenn er morgen wieder leistungsfähig sein soll. Er blinzelt etwas verstohlen auf die Uhr: gleich

Mitternacht! Sein Bierglas ist noch randvoll. Er hat jedoch keinen Durst mehr. Das Bier schmeckt nicht, es paßt nicht mehr in seinen Magen.

»Was ist denn mit dir los, Erich? Du trinkst nicht einmal dein Bier aus, bist du krank?«

Das Gelächter seines Freundes klingt gemein in seinen Ohren und verstärkt nur seine Abneigung. »Ich mag nicht mehr, mein Magen rumort bereits.«

Der Dritte dieser Skatrunde hatte sich aus dem Geplänkel herausgehalten. Er ging später das Stück gemeinsamen Heimweges mit Erich. »Hast du das öfter, diese plötzlichen Magenschmerzen?«

»Das ist meine ›Achillesverse‹, mir schlägt alles auf den Magen. Und eben habe ich mich über meine eigene Unentschiedenheit geärgert. Da ging es schon wieder los. Komisch, nicht wahr?«

»Das ist überhaupt nicht komisch. Der Körper reagiert nun einmal auf Anspannung und Ärger, und das jeweils empfindlichste Organ macht sich als erstes bemerkbar. Bei dem einen ist es das Herz, beim nächsten der Kreislauf, bei vielen ist es die Galle.«

»Bei denen läuft die Galle über, wie man so schön sagt. Mir liegt dann ein Stein im Magen. Anderen bricht es das Herz. So ungefähr stellst du dir das vor, ja? Ich kann daran nicht glauben.«

»Ob du nun daran glaubst oder nicht. Ich bin davon überzeugt, daß der Körper auf die Unstimmigkeiten oder gar Leiden der Seele reagiert.«

»Sieh an, bei uns brennt noch Licht im Wohnzimmer. Komm mit, Elke kocht uns einen Tee. Dieses Thema interessiert mich.«

Beim wärmenden Kaminfeuer und einer Tasse heißen

Tees setzen sie ihr Gespräch fort. Auch Elke lauscht gespannt.

»Ich möchte euch zwei selbsterlebte Beispiele erzählen. Als Marlen und ich noch zusammenlebten, unsere Ehe aber leider nicht mehr so gut lief, bekam Marlen plötzlich einen Hautausschlag, zuerst nur am Körper, also nur dort, wo ich und sonst niemand es sehen konnte. Es sah unappetitlich aus und juckte wohl auch sehr. Jedenfalls durfte ich meine Frau nicht mehr anfassen. Sie hatte eine Allergie – eine Abneigung gegen mich, die sich in Form des Ausschlags zeigte.«

»Das hast du dir damals eingeredet, weil es dir sehr schön ins Konzept paßte«, unterbrach Elke ihn.

»Wenn Marlen heute noch darunter leiden würde, müßte ich dir recht geben. Aber als wir uns endlich zu einer Trennung durchgerungen hatten, wurde Marlens Haut sehr bald wieder gesund. Gibt dir das nicht zu denken?«

»Nun fehlt nur noch, daß du behauptest, du hättest etwas Ähnliches gehabt, was jetzt wie weggeblasen ist!«

»Auch wenn ihr mich für verrückt haltet, es war wirklich so. Tagsüber ging es mir gut. Ich konnte essen und trinken, konnte Luft holen, obwohl die Luft im Büro bei weitem nicht so gut war wie die daheim im Garten. Aber sobald es Feierabend wurde und ich nach Hause mußte, ging es los. Ich hatte ziehende Schmerzen im Bauch und mochte nichts essen, was Marlen natürlich als persönliche Beleidigung auffaßte und mit Abweisung und Kälte ihrerseits quittierte. Schließlich blieb mir in meinen eigenen vier Wänden immer öfter die Luft weg. Mein Brustkorb war wie zugeschnürt. Ich röchelte nur noch. Während meiner Kur an der Nordsee ging's mir blenden, aber sobald der Bahnhof in Sicht war, mußte ich meinen Inhalator benutzen. Auch ich reagierte mit Leib und Seele auf unsere unerquickliche Ehe. Ich weiß, das hört sich alles etwas übertrieben an, aber so war es tatsächlich.

Mir ging es besser, nachdem ich eine eigene Wohnung bezogen hatte und aus Marlens Nähe geflohen war. Anfangs machte mir mein schlechtes Gewissen noch zu schaffen, und der Gedanke an meinen Treuebruch Marlen gegenüber schnürte mir die Luft ab. Das wurde aber schlagartig besser, als ich von Marlens neuer Liebe erfuhr. Sie befreite mich von meinen körperlichen Gebrechen.«

»Du willst uns damit beweisen, daß der Körper, die einzelnen Organe von der Seele regiert werden.«

»Genau das behaupte ich. Denn Erichs Magenschmerzen treten immer dann auf, wenn er sich über irgend etwas ärgert, wenn er einen ›unverdaulichen Brocken‹ zu schlucken hat. – Nun ist es aber sehr spät geworden. Darf ich mir ein Taxi rufen?«

Natürlich, dort steht das Telefon. – Ehrlich gesagt, das stimmt mich nun doch sehr nachdenklich. Demnach müßte jeder Arzt zuerst die Seele behandeln und dann erst den Körper.«

»Das wäre wohl zuviel verlangt. Aber wenn jeder einzelne die Zusammenhänge erkennt, kann er selbst versuchen, die seelischen Beklemmungen zu mindern. Bei uns war es die Scheidung, bei anderen ist es vielleicht ein Arbeitsplatzwechsel, der die Gesundung herbeizuführen vermöchte.«

»Und was hat das vom Heuschnupfen geplagte Kind?«

»Schulstreß. Oder Sorgen wegen der Eltern, Geschwister, Freunde ... Mein Taxi ist da. Gute Nacht, ihr Lieben. Wir reden das nächste Mal weiter. Tschüs.«

Es gibt viele Menschen, die wie Erich und Elke reagieren. Ungläubig, fast abweisend hören sie zu, wenn ihnen gesagt wird, daß ein seelisches Problem die Ursache ist oder zumindest sein kann für eine körperliche Krankheit. Und dennoch spricht sehr vieles für diese Behauptung. In meinen Augen ist eine körperliche Krankheit nur die Spitze eines Eisberges. Der weitaus größere Teil liegt verdeckt im Wasser.

Sehen wir uns noch einmal die Situation an: Erich will spät am Abend nach Hause gehen, aber er kann seinen Wunsch nicht dringlich genug darstellen. Daraufhin wird er von einem Freund überstimmt, der noch Skat spielen will. Was tut sich jetzt bei Erich? Er ärgert sich im stillen. Wie viele andere Menschen auch hat er nicht gelernt, seinen Ärger lautstark durch Worte oder Gesten zum Ausdruck zu bringen. Stattdessen frißt er seinen Ärger in sich hinein.

Viele Menschen reagieren so und schlingen mit der Nahrung auch ihren Ärger hinunter. Der Teller ist leer und der Ärger weggespült. Ist er das wirklich, oder haben sie ihn nur verdrängt? In der nächsten Situation reagieren sie ähnlich, und eines Tages kommt der Augenblick, da der Magen protestiert. Ein Kind, daß noch gesund ist, präsentiert uns seinen Mageninhalt spontan auf dem Teller. Wir Erwachsene sind komplizierter und trickreicher: Bei dem einen verkrampft sich der Magen, bei dem anderen bilden sich Geschwüre.

Viele Krankheiten entstehen nur deswegen, weil wir

vor den kleinen und großen Problemen des Alltags fliehen. Viele Menschen wissen nicht, wo sie ihre Sorgen abladen können, haben nicht die Möglichkeit oder Fähigkeit, darüber zu sprechen und im Gespräch einen Ausweg zu finden.

Eine der am weitesten verbreiteten Krankheiten ist die Erkältung. Sie wird von einigen Leuten belächelt und als Schul- und Beamtenkrankheit angesehen. Was steckt dahinter? Teilweise ist es eine Unlust, zur Schule zu gehen, teilweise auch ein Unausgefülltsein und eine Unzufriedenheit mit der monotonen Arbeit. Außerdem lohnt sich die Krankheit. Ich kann im Bett bleiben, länger schlafen, ich werde verwöhnt, bekomme mein Lieblingsessen, Freunde besuchen mich. Ich tue nichts, und die anderen kümmern sich um mich.

Typisch bei Schulkindern sind auch die vor Klassenarbeiten urplötzlich mitten in der Nacht auftretenden Halsentzündungen und Übelkeitserscheinungen, die sich bis zum Erbrechen steigern können. Es ist üblich, gegen solche Krankheiten Medikamente zu verschreiben, die den Körper ruhigstellen und die Symptome zum Abklingen bringen. Anscheinend wird dem Körper geholfen, aber wie steht es mit der Seele?

Das Kind geht in die Krankheit hinein, weil es kein Selbstvertrauen hat und im Augenblick an seinen Fähigkeiten zweifelt. Viel besser wäre in einem solchen Fall eine Medizin für seine Seele: Schenken Sie ihm Ihre Liebe und Wärme, so daß sein Selbstvertrauen und seine Selbstsicherheit wachsen können. Der Körper horcht auf die Leiden der Seele und verleiht ihnen Ausdruck. Anfangs sind es nur Müdigkeit und Unlustgefühle, dann kommen Beschwerden und Schmerzen hinzu.

Leben wir aber bewußt, so nehmen wir die geringste Unstimmigkeit wahr. So wie ein Klavierstimmer ein Instrument stimmt, so können wir uns wieder in unsere Mitte zurückschwingen. Bewußt leben ist dafür die einzige Voraussetzung. Häufig sind wir mit unseren Gedanken woanders, nicht im Hier und Jetzt. Dann ereignen sich kleine Zwischenfälle, die nur an unsere augenblicklichen Aufgaben erinnern wollen.

Wenn die Organe der Seele gehorchen, hören sie die Stimme der gesunden wie auch der kranken Seele. Eine gesunde Seele wohnt nur in einem gesunden Körper. So wie der Körper die kranke Seele spiegelt, so spiegelt er auch eine gesunde Seele. Ein gesunder Mensch hat eine reine Haut, frei von Unreinheiten. Das Gesicht hat Glanz, und die Augen sind lebendig und strahlend. Genauso lebendig sind seine Gestik und seine Sprache. Sein Gang ist aufrecht, gelöst und elastisch.

Kommen wir zurück zu Erichs Aussage: »Dann müßte jeder Arzt zuerst die Seele behandeln und dann erst den Körper.« In Wirklichkeit gehen heute die meisten Ärzte anders vor: Vor allem lindert der Arzt die körperlichen Krankheitssymptome, und häufig gelingt es ihm, sie zu beseitigen. Doch leider kommt er meist nicht an die Ursache der Krankheit heran, die im seelischen Bereich liegt, und so wird sich eine neue Krankheit aufbauen. Die Ausbildung des Arztes ist darauf ausgerichtet, den Körper zu heilen. So sind wir bei einer Krankheit auf zwei Ärzte zu gleicher Zeit angewiesen: auf einen Arzt für den Körper und einen für die Seele.

Glücklich der Mensch, der einen Arzt gefunden hat, der beides kann und die Zeit und die Liebe hat, dem kranken Menschen beizustehen und zu helfen!

Krankheiten sind Signale

»Vati, Vati!« Freudestrahlend rennt Kai seinem Vater entgegen. Der Vater fährt soeben das Auto in die Garage. Müde und abgespannt von der Arbeit hätte er sich viel lieber in die Stille seines Arbeitszimmers zurückgezogen. Aber als er seine Situation dem Jungen erklären will, blickt Kai ihn so traurig und enttäuscht an, daß der Vater sich zusammennimmt und dem Sohn folgt, das neueste Legobauwerk zu betrachten.

Unbewußt legt sich seine Hand auf den schmerzenden Magen. Irene, seine Frau kommt hinzu und sieht seine Geste. Das verkrampfte Gesicht spricht Bände.

»Hast du wieder einmal Magenschmerzen?«

»Ist nicht so schlimm, ich brauche nur ein Stündchen Ruhe, dann ist bestimmt wieder alles in Ordnung. Ich leg' mich ein Weilchen auf die Couch im Arbeitszimmer.«

Etwas gebeugt, ja eingeknickt geht er davon, und Irene sieht ihm besorgt nach. Wenn er doch nur endlich zum Arzt gehen würde, mit diesen ständigen Schmerzen ist wirklich nicht zu scherzen. Die hat er doch nicht ohne Grund. Aber dafür hat er keine Zeit!

Irene beschäftigt sich mit dem Jungen, damit der Vater Ruhe hat. Sie geht mit ihm in den Garten, aber ihre Gedanken schweifen immer wieder ab: Ob ich einfach einen Termin beim Doktor für ihn vereinbare? So kann das doch nicht weitergehen.

Als eine gute Stunde vergangen ist, geht sie leise in die Küche, kocht Tee, bereitet das Abendessen vor und macht den Kleinen schon mal zum Schlafengehen fertig. Dann erst öffnet sie leise die Tür zum Arbeitszimmer, darauf gefaßt, Werner schlafend vorzufinden. »Aber das kann doch wohl nicht wahr sein! Wir schleichen durchs Haus, und du sitzt bereits wieder am Schreibtisch!«

Irene traut ihren Augen kaum, doch Werner ist wirklich schon wieder in einen Stapel mitgebrachter Akten vertieft. Kreidebleich und schmerzverzerrt hockt er in dem großen Schreibtischstuhl, in dem ohne weiteres noch eine zweite wie er abgemagerte Person Platz gehabt hätte. »Kommst du zum Abendessen?«

»O nein, bitte kein Essen! Das würde mein Magen doch nicht annehmen. Ich habe wirklich keinen Appetit! Eine Tasse Tee würde mir reichen.«

»Bitte, Werner, hör' doch endlich einmal auf. Niemand kann Tag und Nacht arbeiten, auch du nicht. Dabei muß man ja krank werden.«

Sie ist hinter ihn getreten und hat liebevoll die Arme um ihn gelegt. Er aber schiebt sie einfach beiseite und greift sich an den Kopf: »Laß mich doch endlich mit deiner übertriebenen Fürsorge in Ruhe. Ich habe ja nur ein wenig Kopfweh. Diesen Fall muß ich heute noch abschließen. Ich kann mir keine Zimperlichkeiten erlauben, auf meinen Platz warten schon mindestens zwei Kollegen.«

»Das ist wahrscheinlich sehr übertrieben. Aber wenn etwas Wahres daran ist, dann mußt du dir einen anderen Job suchen. Ich kann nicht länger zusehen, wie du dich und deine Gesundheit ruinierst: Kopfschmerzen, Magenschmerzen, Übelkeit, Schwindelgefühle und womöglich noch andere Beschwerden, die du mir verschweigst. Was meinst du wohl, wie lange es dauert, bis du völlig zusammenbrichst?«

»Wenn du mir noch länger mit deinem Gezeter auf die

Nerven gehst, kann es wirklich nicht mehr lange dauern. Geh' jetzt und laß mich allein!«

Dieser schroffe Ton duldet keinen Widerspruch, und so geht Irene, verstört und verbittert über die Zurückweisung, aber auch sehr besorgt, zurück in »ihr Reich«. In der Eßecke wartete Kai. Während sie ihm ein Brot streicht, ist sie mit ihren Gedanken ganz woanders: Ich muß etwas unternehmen, so geht es nicht weiter, aber was?

Sie bringt das Kind ins Bett, holt das vorbereitete Tablett mit Zwieback und Tee und geht damit zu Werner ins Arbeitszimmer, um noch einmal in Ruhe mit ihm zu reden: »Werner, du darfst diese Signale deines Körpers nicht einfach ignorieren. Du bist völlig überlastet, ausgelaugt und krank. Lange kannst du diesen Dauerstreß nicht mehr ertragen. Schließlich bist du bald fünfzig Jahre alt. Da muß man etwas kürzer treten.«

»Bist du bald fertig mit der Moralpredigt? Ich weiß, wie alt ich bin, aber ich kann es mir nicht erlauben, wegen jedes kleinen Wehwehchens zum Arzt zu laufen. In ein paar Wochen habe ich Urlaub, dann kann ich mich erholen.«

»Hoffentlich liegst du bis dahin nicht ganz auf der Nase! Dann bist du nicht unschuldig daran, denn du treibst Schindluder mit deiner Gesundheit.«

»Deine Sorgen sind übertrieben. Was meinst du wohl, wie viele Menschen streßbedingte Schmerzen haben? Ist doch nur eine Zeitkrankheit. Ich werde es schon schaffen.«

Was ist Krankheit? Das Lexikon bezeichnet Krankheit als eine Störung im Ablauf der Lebensvorgänge, die mit einer Herabsetzung der Leistungsfähigkeit einhergeht und meist mit wahrnehmbaren Veränderungen des Körpers verbunden ist.

Es gibt Menschen, die ihren Körper als Auto sehen, das ab und zu einmal auf seine Funktionsfähigkeit überprüft werden muß. Manchmal wird alles durchgecheckt. Die Batterie ist fast leer, oder es ist etwas am Motor oder auch am Auspuff los. Liegt eine Störung vor, muß sie behoben werden.

Aber nehmen wir uns die Zeit, um eine körperliche Störung zu beseitigen? Und haben wir das Ohr, um das Signal zu hören, und das Auge, um es zu sehen? Die Antwort ist einfach: Wir nehmen die Signale wahr, wenn wir in der Stille in uns hineinlauschen.

Zu Beginn sind sie fein, kaum wahrnehmbar und werden von uns nicht als Krankheit erkannt. Müdigkeit, Erschöpfung und Unlustgefühle treten auf. In einer zweiten Phase kommen körperliche Schmerzen und Beschwerden hinzu. Der Kopf tut weh; Arme, Beine und Rücken schmerzen. Und wie reagieren wir darauf? Teilweise hören wir nicht hin und stellen uns taub, denn wir haben ja keine Zeit, und außerdem sind es angeblich nur Bagatellen, deretwegen es sich nicht lohnt, etwas zu unternehmen. Also muß sich unser Körper noch stärker bemerkbar machen. Die Organe streiken. Bei dem einen ist es das Herz, beim anderen der Magen oder die Galle, ein dritter hat's mit der Lunge oder der Blase. Dann endlich werden wir wach und unternehmen etwas: Wir gehen zum Arzt, der uns in kürzester Zeit gesundmachen soll – wenn möglich so schnell, wie ein Mechaniker unser Auto repariert.

Wir übersehen dabei nur, daß wir den Körper nicht

wie einen Wagen abstellen und wieder abholen können. Wir Menschen sind eine Einheit aus Körper, Geist und Seele. Wir sind unser Körper, wir sind unser Geist, und wir sind unsere Seele. Wir können nicht das eine vom anderen trennen und gesondert behandeln lassen. Dennoch probieren wir immer wieder mehrgleisig zu fahren. Die Symptome, die wir verspüren oder sehen, verschwinden vorübergehend, aber die Ursache bleibt, wenn sie nicht behandelt wird, und kehrt in anderer Gestalt wieder.

In Amerika untersuchten Ärzte eine Reihe von Kindern, die in ihrer Entwicklung körperlich und gefühlsmäßig zurückgeblieben waren. Trotz bester und ausgewogener Nahrung trat aber keine Besserung ein. Dann wurden die Kinder in eine Umgebung gebracht, in der sie sich wohlfühlten. Sie lebten mit Menschen zusammen, die sie akzeptierten und die ihnen Liebe und Geborgenheit gaben. Und da nun begannen sie, die versäumten Entwicklungsschritte nachzuvollziehen. Innerhalb eines Jahres wuchsen sie bis zu fünfzehn Zentimeter und nahmen bis zu neununddreißig Pfund zu.

Faszinierend ist dabei die Tatsache, daß die Kinder ihre geistig-seelische und körperliche Entwicklung fortsetzten, solange sie in diesen Pflegefamilien lebten. Kehrten sie dagegen in ihre alte Umgebung zurück, so zeigten sich erneut Wachstumsstörungen und Gewichtsverlust.

Wir sehen also, daß der Körper Signale aussendet, im Fall dieser Kinder in Form von Wachstumsstörungen, daß die Ursache aber im Mangel an Zuneigung und Geborgenheit, also im emotionalen Bereich, liegt. Wir sollten darum nicht allein den Körper behandeln, sondern den geistig-seelischen Bereich mit einbeziehen, wenn wir gesunden wollen. Krankheit ist nichts anderes als das Ergebnis eines Zustandes, in dem der Mensch nicht mehr in Harmonie mit sich selbst und der Natur lebt.

Wir haben es in der Hand, die Signale des Körpers richtig zu deuten und uns selbst zu heilen. Tiere besitzen, wenn sie der Natur noch nicht allzusehr entfremdet sind, diesen Urinstinkt zur Selbstheilung. Sie ziehen sich bei Verletzung oder Erkrankung in die Stille zurück und nehmen kaum noch Nahrung auf. Kinder verhalten sich ähnlich und verweigern sich fester Nahrung. Und was tun wir Erwachsenen? Wir greifen sofort zu Medikamenten. Wir nehmen nicht wahr, daß wir uns manchmal mit Pillen selbst schlagen und bestrafen, anstatt in uns hineinzuhorchen. Die Körpersignale könnten uns nämlich auf den richtigen Weg leiten.

Wir könnten uns fragen: Was will der Körper mit dem Signal zum Ausdruck bringen? Ist ein Kind erkältet und hat es neben Hals- und Kopfschmerzen auch noch Fieber, so rücken die Mütter mit Tabletten und Zäpfchen an, um das Fieber zu senken, obwohl der Körper über eigene Kräfte verfügt, sich zu heilen. Das Fieber ist nämlich nichts anderes als vermehrt erzeugte Energie, die eingesetzt wird, um die Krankheit auszubrennen und auszuschwitzen.

Häufig bemerken wir auch an Kindern, daß sie nach einer Krankheit wachsen oder während der Krankheit gewachsen sind. In diesem Fall bedeutet das Signal Krankheit Wachstum und Reife. Auch uns Erwachsenen gibt eine Krankheit die Chance zum Wachsen und Reifen. Gerade weil wir nur ungern wachsen wollen und an dem Gewohnten hängen, überfällt uns eine Krankheit über Nacht und zwingt uns zur Ruhe und Innenschau. Wir können also von einer Krankheit auch profitieren.

Fragen Sie sich: Warum habe ich gerade diese Krankheit? Oder warum bin ich kurzsichtig oder weitsichtig? Warum habe ich mir das Bein gebrochen? Wenn Sie ehrlich zu sich sind, werden Sie die Antwort in sich selbst finden. Sie brauchen nicht mehr in die Vergangenheit oder in die Zukunft zu blicken, weil Sie in der Gegenwart stehen. Sie brauchen nicht mehr zu flüchten; Sie stellen sich dem Problem und lösen es. Wir erkennen, daß Krankheiten positive Signale sein können, die uns ermöglichen, fortwährend zu wachsen und zu reifen.

3
Die Kraft des Positiven

Das Glas ist noch halbvoll

Der Hausherr blickte in die Runde, pflicht- und gewohnheitsgetreu achtete er auf den »Pegelstand« der Getränke. Er holte eine neue Flasche Wein aus dem Keller und schenkte ein. Einige Gläser waren leer, die anderen noch halbvoll. »Ursel, was ist mit dir? Dein Glas ist ja noch fast voll?«

»Ich möchte nichts mehr, ich muß noch Autofahren.«

»Mir kannst du ruhig noch nachschenken, mein Glas ist schon wieder halbleer«, meldete sich einer aus der fröhlichen Runde zu Wort.

»Nicht so hastig, Arnold. Halbvolle Gläser kann man doch nicht einfach nachfüllen.«

»Ich sagte ja auch halbleer. Da liegt der Unterschied!«

»Es kommt also darauf an, aus welcher Perspektive man das Glas und seinen Inhalt betrachtet.«

»Nicht nur den Inhalt dieses Glases kann man von zwei Gesichtspunkten aus betrachten, sondern auch das Leben. Ich habe bereits die Hälfte meines Lebens hinter mir. Was habe ich also noch zu erwarten?«

»Ich sehe das anders. Die erste Hälfte habe ich leider schon hinter mir, aber nun freue ich mich auf die zweite Phase.«

Arnolds pessimistische Einstellung läßt sich nicht verleugnen: »Wenn ich darüber nachdenke, muß ich sagen: Ich lebe längst in der zweiten Hälfte meines Lebens. Mein Leben ist gelaufen. Was jetzt noch kommt, sind nur Arbeit und Pflichten. Alles ist doch längst festgefahren, eintönig und leer.«

»Ich für meinen Teil bin noch richtig gespannt auf das, was noch vor mir liegt.«

»Du bist ein Traumtänzer. Was soll schon noch kommen? Wir gehören doch allesamt schon zum alten Eisen.«

»Dagegen protestiere ich aber energisch. Gut, die Jugend haben wir hinter uns, daran gibt's nichts zu rütteln. Aber alt sind wir deshalb noch lange nicht.«

»Ihr Frauen wollt das nur nicht wahrhaben. Aber so ist das nun einmal, ob es uns paßt oder nicht!«

»Ich bin auch ein Mann, trotzdem muß ich Irene recht geben. Wir gehören zwar inzwischen zum ›Mittelalter‹, aber das ist für mich kein Grund zur Resignation.«

»Das ist doch alles nur Augenauswischerei. Meine Knochen sind müde und alt. Mir tut schon nach einer Stunde Rasenmähen das Kreuz weh. Früher wußte ich nicht einmal, daß ich ein Rückgrat habe.«

»Du übertreibst wieder einmal maßlos. Natürlich können wir in unserem Alter keine Bäume mehr ausreißen. Das müssen wir ja auch nicht mehr. Die beruflichen Klimmzüge haben wir geschafft, die Ausbeute kommt nun fast automatisch.«

»Das meine ich auch. Wir sind nun soweit, daß wir es uns leisten können, das Leben zu genießen. Die zweite, uns jetzt bevorstehende Hälfte kann womöglich die schönere werden.«

»Der Schwung und die Kraft sind doch dahin. Das müßt sogar ihr Optimisten zugeben, wenn ihr nur einmal ehrlich gegenüber euch selbst wäret.«

»Wir lassen tatsächlich alles etwas ruhiger und gemächlicher angehen, aber deshalb sind wir doch nicht gleich saft- und kraftlos. Ich habe sogar noch manchmal das unbändige Verlangen, die ganze Welt aus den Angeln zu heben.«

»Rudi, bleib' auf dem Teppich. Wer hoch fliegt, kann auch tief fallen – das tut weh.«

»Die Welt werden wir sicher nicht aus den Angeln heben, aber die nach uns kommen ebensowenig. Dank unserer Reife und dem Schatz der Erfahrungen leben wir jedoch intensiver, sehen bewußter das Schöne.«

»Danke bestens für die Erfahrungen! Ist es dir noch nicht passiert, daß ein junges Mädchen dir seinen Platz in der Bahn anbietet? Mir ist es neulich so gegangen. Das ging mir ganz schön an die Nieren. Da wußte ich plötzlich, daß ich alt bin.«

»Nun sei doch nicht so empfindlich. Freue dich, daß es noch höfliche Menschen gibt. Jedes Alter hat im übrigen seine Reize, seine Vor- und Nachteile. Ich lebe gern heute und jetzt und möchte nicht noch einmal zwanzig sein.«

»Man müßte nochmals zwanzig sein und so verliebt wie damals . . .« singen zwei der anwesenden Pessimisten provokativ.

»Wer sagt euch beiden denn, daß ich nicht verliebt bin? Ist Liebe an ein bestimmtes Alter gebunden?«

»Es gibt viele Männer, die noch im hohen Alter Vater wurden. Die Liebe hält sogar jung.«

»Ihr redet nur von den Männern. Wie viele Frauen

sind mit einem jungen Mann glücklich geworden und jung geblieben?«

»Es ist also, um auf den Anfang des Gesprächs zurückzukommen, eine reine Ansichtssache, ob das Glas halbvoll oder halbleer ist. Für zuversichtliche, lebensbejahende Menschen ist das Glas halbvoll, für die Schwarzmaler, für die Pessimisten ist es halbleer. Bleibt die Frage, wer glücklicher lebt, wer zufriedener und ausgeglichener durch das Leben kommt?«

Eine Weile später tritt der Hausherr als Vermittler auf, denn aus dem einen Satz hat sich eine heftige Diskussion entwickelt, die in Streit auszuarten droht. Die hitzigen Gemüter werden mit einem kühlen Drink besänftigt, und alle Versammelten pflichten der Ansicht bei: »Diese Gläser können wir füllen oder leeren, aber der Kelch des Lebens geht an keinem von uns vorbei.«

Die Situation ist uns allen bekannt: Wir sitzen mit gleichaltrigen Freunden zusammen, mit Männern und Frauen. Wir kennen uns mehr oder weniger gut und duzen einander. Der Abend ist schon etwas fortgeschritten. Wir fühlen uns in der Runde wohl, so wohl, daß wir bereit sind, uns zu öffnen, unsere Gefühle zu zeigen und von unserer Lebenseinstellung zu sprechen.

Das vorstehende Beispiel zeigt uns die Gespräche einer gemischten Gesellschaft. Da gibt es die Pessimistin und die Optimistin, den Schwarzmaler und den Traumtänzer. Die eine will zum alten Eisen gehören, die andere möchte die ganze Welt aus den Angeln heben. Und dann sind immer noch einige anwesend, die sich nicht laut äußern. Aber ihre Gesichter und ihre Haltung sprechen für sie: ihre Augen sind stumpf oder glänzend, und ihre

Bewegungen sind steif oder flüssig. Für die einen ist das Glas halbleer und für die anderen immer noch oder immer wieder halbvoll.

Wie voll oder leer ist nun Ihr Glas, Ihr Teller, Ihr Glück? Wie gut oder schlecht gehen Sie mit sich selbst um? Wie ist Ihr Gefühl, wenn Sie das Portemonnaie öffnen und Sie finden noch hundert Mark – oder »nur noch« hundert Mark? Die einen resignieren, die anderen freuen sich. Der eine sackt in sich zusammen, wird schlaff und passiv. Der andere läßt seine Energie fließen, wird aktiv und erfüllt sich seine Wünsche.

Wiederum müssen wir erkennen, daß wir über unser Leben und unsere Lebensführung entscheiden. Niemand kann uns die Entscheidung abnehmen. Jeder Mensch lebt sein eigenes Leben. Zum Schluß, nach dem letzten Atemzug, zeigt sich, wie jeder von uns sein Leben gestaltet hat. Mein Leben kann monoton und fade sein, wenn ich keine eigenen Ideen in den Ablauf eines Tages einbringe. Dann trinke ich morgens zum Frühstück meinen Kaffee und esse zwei Scheiben Brot, na ja, und ein Apfel soll ja auch gesund sein.

Ich kann aber meine erste Mahlzeit auch ganz anders gestalten: Ich trinke den Kaffee mit Milch oder Sahne, süße mit Linden- oder Heidehonig, ziehe als Krönung etwas Kognak unter oder Likör. Wer möchte nicht, daß die Tasse halbvoll bleibt? Ich habe verschiedene Brotsorten oder bereite mir ein Müsli. Ich genieße den saftigen Pfirsich oder die aromatischen Trauben. Ich genieße den Saft und die Süße und die Würze. Wer kann mir meine Freude nehmen oder beschneiden wollen? Niemand, es sei denn ich selbst. Ich halte noch einen halben Pfirsich in meiner Hand. Ich habe noch drei runde, knackige

Weinbeeren. Welche Lust, sie auszusaugen! Ich genieße Schluck für Schluck – köstlich!

Ich habe noch einen ganzen Arbeitstag vor mir und werde ihn füllen mit kleinen Abwechslungen. Ich bin dankbar für das, was ich erlebt und erfahren habe, und bin neugierig auf das, was kommen wird. Ich lebe bewußt im Augenblick und nehme die Fülle meines Lebens wahr. Ich sehe mein Glas, das immer noch halb gefüllt ist. Das Gestern und das Morgen umgeben mich, aber ich lebe bewußt im Heute. Ich kann ein Kind sein oder wie die Leute in unserem Beispiel zum »Mittelalter« gehören; für mich kann auch die dritte Lebensphase begonnen haben: Mein Glas ist immer noch halbvoll.

Es liegt an mir, wie ich das Glas leere. Ich habe einmal Kindern beim Eislutschen zugeschaut: Das eine Kind leckte an der Waffel und der Eiskugel mit schnellen, hastigen Bewegungen, und seine Augen irrten in der Umgebung umher. Das andere schloß genießerisch die Augen und ließ die Zunge auf der Eiskugel herumspazieren. Für beide kommt der Augenblick, da sich schon so ein Kind sagt: Ich habe nur noch die halbe Portion. Oder: Ich habe immer noch die halbe Portion!

Jeder von uns steht vor der gleichen Entscheidung, wenn er sein Leben unabhängig von der Frage, wie alt er im Augenblick ist, gestalten will. Nur eines ist gewiß: Je weiter wir in unser Leben hineinschreiten, je intensiver können wir es genießen und auskosten. Wohl fehlt es im Lauf der Zeit an der unerschöpflichen Energie der Jugend, aber wir können uns dann auch andere, neue Energiequellen erschließen, die uns allen für unser Leben mitgegeben sind. Wir tragen unsere Talente und Begabungen in uns; wir müssen sie nur herauslassen. Wir haben unseren Erfahrungsschatz, der kostbar ist und uns den rechten Weg weist.

Je älter wir werden, desto mehr Freiheit bekommen wir für uns selbst. Wir brauchen uns nicht nur mehr in äußeren Aktivitäten zu erschöpfen, sondern wir können aussuchen, was für uns gut ist. Wir brauchen nicht mehr nach allem zu greifen, was uns die Werbung und die Gesellschaft aufdrängt; wir können in uns hineinhorchen und uns auf das beschränken, was uns guttut. Wir nehmen es und genießen dann im positiven Sinn. Wir leben unser Leben bewußt. Wir sehen und hören bewußt und riechen, fühlen, schmecken genauso bewußt.

Mit diesem Gefühl können wir zuversichtlich unser Leben weiterführen. Wir gehen mit Neugierde in jeden neuen Tag, in jede neue Woche und in jedes neue Jahr. Wir leben ruhiger und gemächlicher und genießen unser Glas, das noch halb gefüllt ist. Dann wird die Welt, die uns umgibt, voller Sinn und Schönheit und Harmonie uns zuteil.

Vertrauen erfüllt sich

Unter dem ausladenden Blätterdach des großen Walnußbaums liegt Jürgen im Liegestuhl. Er hat Urlaub und genießt die Ruhe, die ihn umgibt. Sein Blick ist in weite Ferne gerichtet. Das Buch liegt zwar noch aufgeschlagen auf seiner Brust, aber er kann sich heute nicht auf die Lektüre konzentrieren. Seine Gedanken schweifen immer wieder ab in die Vergangenheit.

Heute genau vor zwei Jahren hat sein neues Leben begonnen. Alles hat sich seitdem verändert, dieses Haus hier am Stadtrand, die ganze Gegend, in der er nun mit seiner Familie lebt, vor allem aber der Arbeitsplatz. Ein kalter Schauer überläuft selbst jetzt noch seinen Rücken, wenn er an die schwere Zeit davor denkt. Es waren zermürbende, hoffnungslose Jahre gewesen. Angefangen hatte alles mit einem schweren Autounfall nach einer Jubiläumsfeier der Firma, in der er seinerzeit gearbeitet hatte. Sie alle waren so fröhlich und unbeschwert gewesen, hatten getanzt und gelacht und getrunken – wie das so ist, auch Alkohol.

Leider hatte Jürgen das richtige Maß verloren. Es kam zu dem folgenschweren, unheilvollen Unfall, bei dem es Verletzte gab und bei dem es ihn selbst auch schwer erwischte. Er mußte lange Zeit im Krankenhaus zubringen, hatte viele Tage und Nächte Zeit zum Nachdenken.

Die selbstquälerischen Vorwürfe belasteten ihn schwer, schnürten ihm die Kehle zu, nahmen ihm den Atem und den Lebenswillen. Durch seine Schuld waren Menschen zu Schaden gekommen, mußten leiden, hatten Kummer und Sorgen. Jürgen verlor jegliches Vertrauen zu sich selbst, zu seinen nächsten Angehörigen, zum Leben überhaupt.

Er grübelte: Der schwärzeste Tag in meinem Leben war wohl der, an dem ich erfuhr, daß ich meinen Beruf nicht mehr würde ausüben können. Eine Welt brach für mich zusammen wie ein Kartenhaus. Wie soll es denn weitergehen mit mir? Sollte ich noch einmal ganz von vorn anfangen? Sollte ich umschulen, einen neuen Beruf erlernen und ausüben?

Er erinnert sich genau, wie ihm zumute war: Das schaffe ich nicht, nie und nimmer! Ich glaube, ich hätte es auch wirklich nicht geschafft, wenn ich nicht immer wieder Zuspruch und Ermunterung bekommen hätte. Mein Selbstvertrauen war zu jener Zeit tief verschüttet, und es war sehr mühselig, es wieder zur Geltung zu bringen.

Alle waren damals rührend besorgt um mich: Freunde, Kollegen, meine Familie ließen mich nie spüren, daß ja ich ganz allein die Verantwortung für alles Geschehene zu tragen hatte. Ich bin ihnen heute noch dankbar, daß sie zu mir hielten, daß sie mir unendlich viel Liebe und Geduld entgegenbrachten.

Doch die richtigen, ausschlaggebenden Worte fand eigentlich nur mein Vater. Er verstand es, mich richtig anzupacken. Er appellierte an meine Verantwortung als Ehemann und Vater von drei kleinen Kindern. Er zeigte mir aber gleichzeitig deutlich, daß er an mich und meine Fähigkeiten glaubte. Er setzte mir so lange den Kopf zurecht, bis ich anfing, selbst wieder an mich zu glauben.

In ihm hatte ich einen Vertrauten, mit dem ich alles bereden konnte. Wir berieten tagelang über einen neuen passenden Beruf für mich, er schleppte Informationsmaterial heran, brachte mir Unmengen von Büchern, büffelte mit mir, ließ mich aber auch allein, wenn er merkte, daß mein Aufnahmevermögen erschöpft war. Allmählich kehrte mein Lebenswille zurück, und ich staunte selbst, wie leicht mir mit der Zeit das Lernen fiel, wie gut ich alles aufnehmen und behalten konnte.

Mein Vater hat mich praktisch zweimal großgezogen: zuerst als Kind und dann als Erwachsenen von zweiundvierzig Jahren. Ich faßte wieder Vertrauen, und von da an ging es rapide bergauf mit mir. Meine Alpträume ließen nach, mein Gesundheitszustand verbesserte sich zusehends, es kam wieder Leben in meine müden Glieder.

Mein Selbstvertrauen und das in mich gesetzte Vertrauen erfüllten sich: ich habe die Berufsprüfung geschafft. Das machte mich stolz, und mein Herz war auf einmal kein schwerer Stein mehr in meiner Brust, der mir das Atmen schwermachte.

Die innere Anspannung ließ nach. Ich war endlich bereit, ein neues Leben zu beginnen. Ich habe vieles ertragen müssen, aber ich habe auch sehr viel gelernt aus der Situation: daß der Mensch nämlich einiges mehr leisten kann, wenn er es sich nur selbst zutraut. Aber dazu braucht er oft die Ermunterung und den Zuspruch seiner Mitmenschen. Und ich habe das unermeßliche Glück gehabt, daß mir dies zuteil wurde.

Wir haben hier das Bild eines Mannes vor uns, der zufrieden mit sich selbst und seiner Umwelt im Liegestuhl liegt, die Ruhe genießt, den Alltag losläßt und mit seinen Gedanken zurückwandert in eine Zeit, da für ihn der große Umbruch, seine Lebenskrise, einsetzte. Er hatte schon oft von so etwas gehört; wenn es aber andere betraf, nun ja, so war das ihre Sache. Für ihn war die Welt in Ordnung gewesen, und um so unvorbereiteter traf ihn daher seine eigene Krise.

Immer wieder sieht er sich im Krankenhaus im Bett liegen. Die Alpträume, die ihn fast zum Wahnsinn treiben, nehmen kein Ende. Er grübelt am Tage, wenn er sich allein glaubt, und in der Nacht, wenn die anderen Zimmergefährten schlafen und ihn durch ihr Schnarchen zermürben. Immer wieder kehren die quälenden Vorwürfe zurück, die ihn wegen des selbstverschuldeten Unfalls bedrängen; sie lasten schwer auf seiner Brust: Durch mich sind andere Menschen zu Schaden gekommen ... meine

Schuld, meine Schuld! Zusätzlich belastet ihn seine eigene Hilflosigkeit: so angewiesen auf die anderen, denen er vielleicht sogar zur Last fällt. Dann kommt die Angst dazu. Wie kann ich denn weiterleben, wenn ich meinen jetzigen Beruf nicht mehr ausüben kann? Wie meine Familie ernähren? Mögen sie mich überhaupt noch? Meine Frau, meine Kinder, mein Vater?

Jeder Mensch erlebt Krisen, wenn er spürt, daß es so wie bisher nicht weitergeht und daß er, wenn er weiterleben will, etwas Neues ins Werk setzen, etwas bislang Verschüttetes freilegen muß.

Ein chinesisches Sprichwort sagt: In einer aussichtslosen Lage habe ich zwei Möglichkeiten: entweder ändere ich die Lage oder mich selbst. Die Krise entsteht, wenn ich weder zum einen noch zum anderen ja sage. Und die Krise hält so lange an, als ich unentschlossen bleibe.

Solange sich jemand an die Vergangenheit klammert, seine Verluste nicht als Verluste anerkennt, so lange wird auch die Krise andauern. Solche Krisen werden von den Jugendlichen in ihrer Sturm- und Drangzeit, von den Menschen in ihren besten Jahren, mit dem Eintritt ins Alter und bei schweren menschlichen Verlusten erlebt oder wenn – wie Jürgens Fall zeigt – ein Unfall einen Menschen zwingt oder ihm die Chance bietet, sein Leben noch einmal neu zu überdenken und zu gestalten. Den Verlust des Vertrauten und Gewohnten, der dazu führt, daß man einer hygienisch-sterilen Atmosphäre des Krankenhauses, einer Angst und Unsicherheit auslösenden Situation ausgeliefert ist, muß jeder Mensch für sich allein durchstehen. Und das ist gerade das Wichtige und allen Krisen Gemeinsame: daß man allein diese Situation durchstehen, durchleben, meistern muß.

Krisen gehören zum Menschen. Sie sind dazu da, daß wir an ihnen wachsen. Jeder Lebensabschnitt hat seine schönen und seine schwierigen Phasen. Und in jeder Phase unseres Lebens kann passieren, daß wir uns auf das Verlorene fixieren, versuchen, es zu halten und in Gedanken zu umklammern. Wir können in Selbstmitleid zerfließen oder aber auch das Schicksal anklagen: »Warum gerade mir...? Hätte ich doch... Wenn in dem Augenblick...« Das sind die Momente, da eine Krise sich deprimierend, lähmend und selbstzerstörerisch auswirken kann.

Die Krise ist auf dem Höhepunkt angelangt, und der Mensch, der auf sich allein gestellt ist, hat jetzt die Gelegenheit, seine ihm vom Schicksal angebotene Chance zu ergreifen: die Lage zu ändern oder sich selbst zu ändern. Ich kann am selben Arbeitsplatz bleiben oder ihn gegen einen gleichwertigen mit anderen und interessanteren Menschen eintauschen. Ich kann meine alten Bekannten behalten oder Ausschau halten, wo ich Menschen begegne, die mir bislang unbekannt waren und von denen ich Neues erfahre.

Ich kann nach einem Unfall jammern und mich im Rollstuhl umherfahren lassen oder die mir verbliebene Kraft konzentriert einsetzen, um die Rehabilitationsgymnastik kennenzulernen – eine Gymnastik, die meinen Körper stärkt und die ich auch allein ausführen kann. Ich kann resignieren; ich habe aber auch die Möglichkeit, aktiv zu sein, mein Leben in meine Hände zu nehmen und es neu zu gestalten. Ich trage die Verantwortung für mein Leben. Ich kann einen neuen Anfang setzen.

Es ist gut, wenn ich mich auf meine neuen Chancen

ausrichte, wenn ich sie zielbewußt weiter ausbaue und aus ihnen neue Hoffnung, neues Vertrauen und neuen Mut schöpfe. Von der Vergangenheit können und müssen wir uns verabschieden. Um die darauf folgende Leere zu füllen, erhalten wir ein wunderbares Geschenk: wir können das Positive in der Gegenwart und in der Zukunft entdecken, freilegen und bejahen.

An diesem Punkt habe ich die Chance, von einer negativen auf eine positive Haltung umzuschwenken. Ich kann Vertrauen zu mir und zu meiner eigenen Lebenskraft fassen, ich kann sie ausstrahlen und auf meine Mitmenschen einwirken lassen, wie das in Jürgens Fall geschehen ist. In dem Augenblick, da Jürgen erkannte, daß er die Verantwortung für sein Leben und im weiteren Rahmen für seine Familie trug, da er neues Vertrauen zu seinen eigenen Fähigkeiten faßte, setzte dieser Umschwung ein, diese Wendung vom negativen zum positiven Denken.

Ich fasse Vertrauen zu mir und strahle es aus. Ich äußere mich positiv und schaffe Vertrauen. Die Folgen sind positive Tatsachen. Durch sie wird das eigene Vertrauen neu bestätigt, und es kommt zu einem Erfolgskreis: der Gesundheitszustand bessert sich, die Alpträume weichen schönen Träumen. Ein neuer Beruf wird ergriffen. Ich spüre meine Kraft in meinen Gliedern, ich strahle Freude und Vertrauen aus.

Das alles ist das Ergebnis einer positiven Entscheidung. Wir brauchen nur Mut und das Vertrauen zu uns selbst, damit wir aus der Enge unseres Gefängnisses, in das wir uns selbst eingesperrt haben, in eine neue Freiheit hinaustreten können.

Suggestion ist kein Geheimnis

Auf dem Tisch liegt eine Liste mit Namen und Telefonnummern. Karin hakt gerade den zweitletzten Namen ab: Nun fehlt nur noch Irmgard, dann habe ich alle fünf Freundinnen erreicht, hoffentlich ist sie daheim, denkt sie, während sie wählt. Karin fühlt sich ein wenig unsicher; es ist nämlich sehr lange her, seit sie das letzte Mal zum Kaffee eingeladen hat.

»Hallo, Irmgard. Schön, daß ich dich antreffe.«

»Nanu, welch eine Freude, deine Stimme zu hören, Karin. Wie geht es dir?«

»Danke, mir geht es gut. Und wie sieht es bei euch aus?«

»Alles in bester Ordnung. Die Kinder sind mit der Schule und ihrem Sport ausgelastet. Ewald geht in seinem Beruf auf, und ich habe auch genug zu tun.«

»Das hört sich alles prima an. Ich wollte zu einem Plauderstündchen bei Kaffee und Kuchen einladen. Die anderen vier aus unserem Sextett haben mir ihr Kommen zugesagt. Du hast doch auch Zeit, nicht wahr?«

»Ich würde gern kommen, aber macht dir das nicht zuviel Arbeit. Ich möchte nicht, daß du mehr Aufregung hast, als dir guttut.«

»Ich bin wieder völlig in Ordnung, Irmgard. Du brauchst mich nun nicht mehr mit Glacéhandschuhen anzufassen.«

»Wirklich? Das ist schön, ich freue mich für dich.«

»Ja, ich bin auch ganz froh und glücklich. Ich habe den langen Weg durch das dunkle Tal hinter mir gelassen und bin, Gott sei Dank, über den Berg.«

»Was hattest du denn nun eigentlich. War alles nur

Einbildung? Oder seelisch bedingt, oder hat dein Körper revoltiert? Magst du überhaupt darüber sprechen?«

»Ja, warum nicht? Aber am Telefon würde das zu lange dauern. Ich darf die Leitung nicht über Gebühr beanspruchen. Horst braucht das Telefon ja auch fürs Geschäft. Komm doch heute nachmittag bei mir vorbei, vielleicht zu einer Tasse Tee.«

»Ja, gern. Bis dann.«

Beim Mittagessen erzählt Karin mit geröteten Wangen, daß Irmgard am Nachmittag kommen wird. Horst ist besorgt: »Die ist wohl neugierig, oder?«

»Nein, das glaube ich nicht. Und für mich ist es besser, endlich auch einmal einer Außenstehenden von meiner Krankheit zu berichten. So kann ich mich von dem letzten Quentchen Unsicherheit befreien.«

Am Nachmittag saßen die beiden ehemaligen Freundinnen nach langer Zeit wieder einmal beisammen und redeten bald so frei und vertraut miteinander wie früher. Früher, das heißt vor Karins endgültigem Zusammenbruch, der sie für einige Wochen ins Sanatorium brachte und für lange Zeit außer Gefecht setzte.

»Wie ist das damals eigentlich gewesen? Wie ist es zu diesem Zusammenbruch gekommen? Es hat ja keiner geahnt, daß du mit den Nerven so am Ende warst.«

»Ja, es war ein böser Teufelskreis. Ich hatte einfach zu viel um die Ohren: den Haushalt, die drei kleinen Kinder und das Geschäft, in dem ich sämtliche Büroarbeiten machte. Nebenbei bauten wir ja noch dieses Haus. Der Ärger mit den Banken, Behörden und den Handwerkern ist ja sprichwörtlich – da ist bei mir eine Sicherung durchgebrannt. Ich war körperlich ausgelaugt und seelisch überfordert. Zuletzt habe ich mir eingebildet, nur der Himmel könne mich noch retten. So kam es dann zu dieser Kurzschlußhandlung.«

»Und das alles ist nun vergangen und vergessen, ohne tiefe Spuren zu hinterlassen?«

»Spuren hinterläßt wohl jede Krankheit. Auch bin ich nicht plötzlich und für alle Zeiten geheilt. Aber ich weiß nun, wie ich mit meinen Problemen umgehen muß.«

»Ist das dein Geheimnis, oder darf ich auch von deinen Erfahrungen profitieren? So ganz frei von depressiven Stimmungen sind wahrscheinlich die wenigsten Menschen.«

»Anfangs wollte ich nichts hören und nichts sehen. Ich schloß die Augen und hielt mir die Ohren zu. Aber die Ärzte und vor allem Horst ließen nicht locker. Sie sprachen immer wieder beruhigend auf mich ein, erzählten mir davon, wie schön das Leben sei, daß meine Familie mich brauche. Horst schmiedete Pläne zu meiner Entlastung, die ich endlich annahm. Früher hatte ich mich gegen eine Bürohilfe gestemmt, die Putzfrau machte die Arbeit nicht ordentlich genug, und die Kinder sollten bei mir und nicht im Kindergarten aufwachsen. Man hat mir so lange ins Gewissen geredet und mir Mut gemacht, bis ich endlich an die Zukunft und auch an mich glaubte.

Wenn ich jetzt wieder einmal ›am Boden zerstört‹ bin, dann rede ich mir selbst gut zu. Ich suggeriere mir Erfreuliches und Aufbauendes. Dann krame ich alle guten Erfahrungen, alle schönen Erlebnisse hervor und führe mir alles Positive vor Augen. Du glaubst gar nicht, wie sehr man sich selbst stärken kann durch intensives Training und durch den Glauben an das Positive.«

»Du brauchst jetzt keine Beruhigungs- und Stärkungsmittel mehr?«

»Nein, die fürchte ich seit meinem Zusammenbruch, zu dem die Pillen beitrugen. Ich will ... und das ist wohl sehr wichtig: ich will glücklich und zufrieden sein.«

»Du meinst also, wenn ich schlechte Laune habe, wenn mir alles gegen den Strich geht, dann muß ich mir nur selbst gut zureden, um mein Gleichgewicht wiederzufinden?«

»Mit viel gutem Willen gelingt mir das jedenfalls.«

Suggestion ist ein Schlagwort, von dem in letzter Zeit immer häufiger zu hören und zu lesen ist. Was ist das eigentlich? Die alten Römer gebrauchten das Wort *suggerere* in der Bedeutung von herbeischaffen, liefern oder eingeben. In der Suggestion lasse ich mir also etwas eingeben. In der Autosuggestion – *auto* bedeutet selbst – gebe ich mir selbst etwas ein.

Wir alle unterliegen natürlich tagtäglich zahlreichen Suggestionen. Ihrer bedient sich die Politik in ihrer Propaganda, die Wirtschaft in Form suggestiver Werbung; jeder Gesprächspartner, aber auch wir selbst suggerieren uns (Autosuggestion) und den anderen (Fremdsuggestion) ständig Ansichten, Überzeugungen, Entscheidungen und so weiter. Wichtig ist, daß wir uns das, was wir uns selbst suggerieren, bewußtmachen oder daß wir – umgekehrt – uns Wünschenswertes bewußt suggerieren.

Sie kennen sicher die Redensart: »Das lasse ich mir nicht suggerieren.« Eine leise, aber gesunde Furcht wird darin spürbar. Ich lasse mir nicht von einem anderen etwas einreden, ich lasse mir nicht von einem anderen etwas eingeben, sondern ... Ja, was sondern? Ich gebe mir selbst ein, was für mich gut ist. Ich kenne mich selbst am besten, und ich sorge für mich.

Jeder Mensch, der auf der Erde lebt, wurde unter anderen Umständen gezeugt und geboren. Jeder Mensch ist ein einmaliges Individuum, und so hat jeder Mensch seinen besonderen Lebensweg, den er allein geht. Wir alle haben die Möglichkeit, unser Leben selbst zu bestimmen. Wir sind selbstverständlich auch für unser Leben allein verantwortlich. Und wir selbst können uns bewußt suggerieren, was für unser Leben gut, für unsere weitere Entwicklung und Reife förderlich und positiv ist, ohne der Umwelt zu schaden.

Sie können noch einen Schritt weitergehen und sich sagen: Ich kann mir bei einer Krankheit selbst helfen. Ich kann mir eingeben, daß ich selbst mich heile, indem ich zum Beispiel auf Medikamente verzichte, die meinen Körper nur vergiften und auf die Dauer ruinieren. Wenn ich beispielsweise nicht einschlafen kann, schlucke ich weder Tabletten noch suggeriere ich mir: »Ich muß jetzt schlafen. Es ist schon spät, alle Leute schlafen, also schlafe auch ich.« Diese Suggestion, deren Inhalt zum Großteil Fremdsuggestion ist, wird nicht die erwünschte Wirkung erzielen. Es ist ebenso sinnlos, Schafe zählen zu wollen. Diese Idee ist nicht Ihre Idee, sondern sie wurde von außen an Sie herangetragen.

Es gibt eine andere, viel einfachere Möglichkeit. Ich sorge für eine gemütliche, warme und ruhige Schlafstelle und führe mich selbst in den Schlaf. Zu diesem Zweck lege ich mich entspannt auf den Rücken oder auf die Seite, vielleicht auch auf den Bauch. Kleinkinder schlafen gern auf dem Bauch, wie übrigens auch jedes Tier zum Schlafen diese Haltung einnimmt. Dann lasse ich alle Spannung aus meinem Körper gleiten.

Ich spüre meine Zehen, die Fußsohlen, die Knöchel

und die Fersen – und ich lasse die Spannung los. Die Füße haben mich den ganzen Tag getragen, sie sind müde, und sie können nun ruhen. Ich spüre die Wärme und genieße sie. Ich spüre meine Unterschenkel, meine Waden, das Schienbein, die Knie und die Kniekehlen. Wiederum spüre ich die Spannung und lasse sie los; ganz langsam gebe ich die Schwere ab an den Grund, auf dem ich liege, und genieße die Wärme, die durch Füße und Beine rinnt. Ich wandere weiter durch die Oberschenkel, das Becken, den Bauch, den Rücken, die Brust und weiter über Schultern, Arme, Hände, Finger, Hals in den Kopf. Ich spüre die Wärme in meinen Ohren und in den Augen. Sie gleitet bis unter die Kopfhaut, und ich fühle mich warm und wohl. Ich genieße dieses Wohlsein und gleite tiefer und tiefer in die Mitte meines Körpers mit meiner Schwere in diese Ruhe. Ich bin völlig entspannt und in meinem Frieden. Ich schlafe heute nacht fest und tief.

Ich habe vorstehend eine an das autogene Training angelehnte Möglichkeit aufgezeigt, wie Sie den Schlaf finden können. Es gibt noch viele andere Methoden, die ebenfalls zielführend sind.

Wichtig ist, daß Sie bei allem, was Sie sich suggerieren, immer Ihre eigene, höchstpersönliche Variante finden. Ein zweiter bedeutender Faktor ist, daß Sie Ihre Suggestion dem Wort nach affirmativ und dem Inhalt nach positiv formulieren, positiv für sich selbst und auch für Ihre Mitmenschen, also ohne ihnen zu schaden.

Haben Sie schon einmal Ihre persönliche Einstellung anderen Menschen gegenüber überprüft? Haben Sie Ihre eigenen Ängste und Hemmungen wahrgenommen, Ihren Ärger oder Ihre Traurigkeit gespürt oder vielleicht eigene

Kälte und Unnahbarkeit empfunden? Wenn Sie sich ändern wollen – und das können Sie –, so haben Sie jetzt Ihre Chance. Beginnen Sie bei sich selbst und geben Sie sich eine positivere Lebenseinstellung ein. Kritisieren und nörgeln Sie nicht mehr an sich herum, sondern sehen Sie das Gute an und in sich selbst. Vor allen Dingen: Loben Sie sich, wenn Sie es verdient haben! Sicher kennen Sie den Aufkleber, der an den Heckscheiben vieler Autos zu sehen ist: »Hast du heute schon dein Kind gelobt?« Welches Kind ist damit wohl gemeint? Das eigene Kind zu Hause oder das andere, das tief in jedem von uns ruht? Erlauben wir uns, das Kind in uns zu loben und es – was noch viel bedeutungsvoller ist – zu lieben!

Nur wer sich selbst schätzt und liebt, findet auch den Weg zu den Mitmenschen. Dann sehen wir das Positive in ihnen. Wir spüren dann nicht nur unsere eigene Liebe aus uns herausstrahlen, sondern auch, umgekehrt, wie wir von der Liebe eines anderen Menschen, mit dem wir Kontakt aufgenommen haben, angerührt werden.

Aufgrund solcher Suggestionen der Liebe überwinden wir unsere Hemmungen, unsere Angst und Einsamkeit. Wir werden getragen von dem Strom der Liebe in den Strom des Lebens. Wir finden dann folgerichtig zu erfreulichen Beziehungen zu unseren Mitmenschen und befinden uns im lebendigen Energieaustausch mit unserer Umwelt. Zusätzlich zu unserem innerlichen Wohlbefinden werden wir auch körperlich gesunden. Energiestaus lösen sich, und Schmerzen schwinden. Unsere innere, schwingende Harmonie zeigt sich auch auf unserem strahlenden Gesicht, in unserem beschwingten Gang, in unserer fließenden Sprache und spiegelt sich in unseren Mitmenschen, mit denen wir zusammen leben.

Der Glaube versetzt Berge

Auf wackeligen Beinen ging Anna dem Besucher voran: »Bitte hier entlang, der Chef erwartet Sie schon.« Ihre Stimme gehorchte ihr kaum, sie krächzte. Als die Tür hinter ihm zugefallen war, ließ sich Anna in den nächsten Stuhl fallen. Mit zittrigen Händen suchte sie nach Zigaretten und Feuerzeug, sie brauchte unbedingt etwas zur Beruhigung ihrer Nerven. Der Anblick des Herrn hatte sie ganz aus der Fassung gebracht. Wie ein hypnotisiertes Kaninchen hatte sie ihn angestarrt – welch eine Blamage!

Sie kramte in ihrer Handtasche, suchte Kamm und Spiegel hervor, strich sich gedankenverloren durch die Haare: Ob er sich an mich erinnerte? Wohl kaum, jedenfalls war in seinem Gesicht kein Schimmer des Erkennens oder der Überraschung zu entdecken gewesen. Was bilde ich mir bloß ein, ich blöde Gans! Hat mich denn je ein Mann angesehen? Wer gönnt mir denn schon einen zweiten Blick? Wie sollte er auch! Ich war schon immer ein unscheinbares Wesen, nichts Außergewöhnliches, nichts Auffallendes ist an mir zu finden. Ich bin weder hübsch noch häßlich, eher ein typisches Durchschnittsmädchen. Na ja, Mädchen ist wohl inzwischen auch reichlich übertrieben. Mit zweiunddreißig Jahren zählt man zu den Frauen, auch wenn man keinen Ehering am Finger trägt.

Seufzend packte sie ihre Utensilien wieder in die Tasche zurück. Ihre Haltung drückte Resignation aus, und der traurige Blick sagte, daß sie weder an sich selbst noch an eine schönere Zukunft glaubte. Nicht einmal ihre berufliche Karriere kann ihr diesen Glauben an sich selbst vermitteln. Denn das weiß sie wohl: daß schon einiges an Leistung und Können dazugehört, wenn man hier oben in der Chefetage sitzt. Aber als Frau bin und bleibe ich eine Null!

Anna strich den Rock ihres dunkelblauen Kostüms glatt, zupfte den Kragen ihrer weißen Bluse zurecht und beugte sich wieder über ihre Arbeit. Sie schaute auch nicht hoch, als der Besucher, der ihr Inneres so aufgewühlt hatte, ihr Zimmer durchquerte und mit freundlichem Gruß die Tür hinter sich schloß. Wenn sie es nicht wert war, daß man ihr einen zweiten Blick gönnte, dann wollte sie nicht einmal mit einem Nicken des Kopfes antworten.

Etwas wie Ärger und Trotz stieg in ihr hoch. Doch sie konnte es sich nicht ausreden, daß diese Begegnung sie tiefer berührt hatte, als sie es gern wahrhaben wollte. Und ihre Gedanken gingen zurück. Schon in der Tanzstunde hatte er sie fasziniert. Aber schon damals hatte er sie einfach übersehen. Klein und schüchtern hatte sie, meistens schamrot im Gesicht und gesenkten Blicks, in der Ecke gestanden und war nachher oft weinend vor Enttäuschung in ihr Bett gekrochen. Bis sie endlich resignierte: Ich werde nie die Aufmerksamkeit und das Interesse eines Mannes auf mich lenken können. Dafür bin ich zu unscheinbar!

Ob der Chef mich wohl schon einmal als Frau betrachtet hat? Ach, Quatsch, für den bin ich auch nur das Faktotum, das alle Arbeit zu jeder Zeit ordnungsgemäß ausführt, ihn an alle Termine erinnert und seine Reisen pingelig genau plant und immer zur Stelle ist, wenn man sie braucht. Und wenn nicht bald ein Wunder geschieht, dann sitze ich noch in zwanzig Jahren hier und werde als alte wunderliche, mickrige Jungfer sterben. Und weil ich nicht an Wunder glaube, wird sich in meinem Leben auch nicht viel ändern.

»Anna, buchen Sie mir bitte einen Flug nach London und . . .«, die Worte ihres Chefs ließen sie aus tiefsinnigen, trüben Gedanken aufschrecken, und da ihre Arbeit Konzentration erforderte, wurde ihr Kummer für die nächsten Stunden verdrängt.

Abends holte er sie jedoch wieder ein, allein in ihrer Wohnung. Sie ging unruhig umher. Wenn sie sich bislang hier sehr wohl gefühlt hatte – nun gefiel ihr ihre Umgebung überhaupt nicht mehr. Sie schob eine Vase zurecht, schüttelte ein Kissen auf, betrachtete das wertvolle Gemälde mit kritischen Augen – alles erschien ihr kalt und leer. Sie zog fröstelnd die Schultern hoch und warf sich aufs Bett. Ein Weinkrampf schüttelte ihren ganzen Körper. Die Sehnsucht nach Liebe und Geborgenheit war übergroß und der Glaube an Erfüllung winzig klein.

Mit verweinten Augen stand sie später vor dem Spiegel und hielt – einmal mehr – Selbstgespräche: Du wirst dich mit deinem Schicksal abfinden und dich arrangieren müssen. Oder willst du dich lächerlich machen und in der Zeitung annoncieren: Unscheinbare graue Büromaus sucht interessanten, liebevollen Lebenspartner?

Ja, wie ist das mit dieser unscheinbaren grauen Büromaus, die zu Hause vor dem Spiegel steht und Selbstgespräche führt? Sie kritisiert sich und findet tatsächlich allerlei an sich auszusetzen. Und sie führt diese Unterhaltung mit sich selbst nicht zum erstenmal. Mir erscheint diese Selbstherabsetzung wie ein Spiel, das ihr sehr lieb und auch wichtig geworden ist – eine lieb gewordene Gewohnheit. Wer hat wohl mit dieser Frau so geredet, bevor sie selbst die Rolle zu spielen begann? Ihre Mutter? Ihr Vater?

Es gibt viele Menschen, die in ihrer Kindheit in eine Form gepreßt wurden und den Druck, der immer noch – auch im Erwachsenenalter – von dieser Form ausgeht, gar nicht mehr wahrnehmen. Das Geleise wurde vom Vater oder von der Mutter gelegt, und für immer fahren die Kinder auf ihm – mit dem winzigen, aber doch bedeutenden Unterschied, daß nicht mehr der Vater oder die Mutter kritisiert, sondern sie sich selbst maßregeln: Du mußt dich mit deinem Schicksal abfinden! Du mußt dich arrangieren! Oder willst du dich etwa lächerlich machen? Typische Aussprüche, die wir genau so oder so ähnlich aus unserer Kindheit oder Jugendzeit kennen.

Ja, wollen wir uns denn mit dieser Abwertung abfinden und uns entsprechend arrangieren? Wollen wir ein Leben lang diese angepaßte Kindheitsrolle spielen? Oder wollen wir uns ändern? Die junge Frau, die sich selbst als eine unscheinbare graue Büromaus sieht, hat nicht die feste Absicht, sich zu ändern. Sie wartet auf ein Wunder und stellt auch gleich ihre eigene Prognose: »... dann sitze ich noch in zwanzig Jahren hier!«

Ja, das kann passieren. Aber wie sieht unsere Entscheidung aus? Wenn wir wollen, können wir uns ändern! Viele wollen jedoch nur die Umwelt beeinflussen und sich selbst schonen. Das ist ein dornenreicher Weg, der sehr viel Energie, Einsatzbereitschaft und Geduld erfordert und viel Ärger verursacht. Und der Erfolg? Er ist sehr zweifelhaft und äußerst unvollkommen. Machen wir es lieber umgekehrt und verändern wir uns selbst! Machen wir unser Glück und unsere Zufriedenheit nicht mehr vom Verhalten unserer Umwelt abhängig. Probieren wir doch einmal etwas Neues aus, suchen wir unsere Zufriedenheit in uns, so daß wir uns in unserem Körper wohl fühlen oder, wie der Volksmund sagt, uns in unserer Haut wohl fühlen.

Wenn wir dieses Ziel erreichen und uns nicht mehr zwingen müssen, das Wohlwollen unserer Mitmenschen zu erkämpfen, sondern uns so nehmen, wie wir sind, dann fangen wir an, in unserer Mitte zu ruhen. Nichts kann uns dann noch aus unserem Gleichgewicht bringen. In uns wächst allmählich der Glaube an uns selbst: an unsere Liebe zu uns selbst, an unsere Freude über uns selbst, an unsere Fähigkeiten. Wir spüren in uns die Kraft, neue Möglichkeiten außerhalb der engen Form zu realisieren, wir wissen um unser Talent, das endlich ausprobiert, und unsere Neugier, die befriedigt sein will.

An sich selbst zu glauben bedeutet auch, den Mut zu haben, das alte Geleise mit den altbekannten Spielen zu verlassen, nicht länger mehr eine »graue Maus« zu sein und dem Gestern nachzuweinen – in Annas Geschichte ist es die Zeit der Tanzstunde –, sondern im Heute zu leben, den Augenblick zu nutzen und jede Chance zu ergreifen, die für uns günstig ist. Im Augenblick der Gegenwart finden wir das Glück, das wir uns wünschen, die Liebe und die Geborgenheit, die wir uns ersehnen.

Resignation und Enttäuschung bringen uns nicht weiter; sie werfen uns, im Gegenteil, viele Schritte zurück und lassen uns in Passivität erstarren. Was wir uns wünschen, erreichen wir dank unserer eigenen Aktivität und unserer Kraft, die in uns ruht. Glauben wir also an diese in uns schlummernde Kraft, lassen wir sie heraus und nutzen wir sie für unsere eigenen Vorteile und zur Befriedigung unserer Wünsche und Sehnsüchte! Und das jetzt! Schieben wir keine Ausreden und Aufschübe vor, nutzen wir den Augenblick. Und je mehr Wünsche wir uns erfüllen, um so sicherer und fester wird der Glaube an uns selbst, den die Umwelt nicht mehr erschüttern kann.

Voraussetzung ist allerdings, daß wir unsere Wünsche kennen und daß sie erfüllbar sind. Denn auch das ist wichtig, wenn wir den Glauben an uns selbst stärken und die Berge, die wir uns selbst gesetzt haben, versetzen wollen. Viele Menschen haben nämlich kein klares Bild von dem, was sie wollen. Infolgedessen wird ihnen gern der Wille anderer übergestülpt, den sie aus Gewohnheit bereitwillig annehmen. So wird das eigene Ich, das Wesen des Menschen, in eine Form gepreßt, und an dieser Stelle beginnt das so beliebte Spiel mit der großen Abhängigkeit.

Haben wir hingegen erst einmal dieses Spiel mit dem eigenen und dem fremden Willen durchschaut, benötigen wir es nicht mehr länger und können unser Leben aus unserer eigenen Mitte heraus und mit dem Glauben an uns selbst leben. Enttäuschungen und unerfüllte Sehnsüchte werden uns fremd sein, weil wir uns selbst unsere Sehnsüchte erfüllen: ein Leben mit vielen Abwechslungen, deren wir uns erfreuen. Dazu gehören das Zusammensein mit interessanten Menschen, Gespräche, die nicht mehr an der Oberfläche dahinplätschern, Liebe und Erfüllung im Zusammenleben mit einem Partner.

Einsamkeit wird uns fremd sein, weil wir nicht mehr warten, daß wir angesprochen werden, sondern offen auf einen Menschen zugehen. Dann ist auch der Augenblick da, wo die Büromaus einen interessanten und liebevollen Lebenspartner selbst aussuchen und finden wird.

Kontrolle ist gut, Vertrauen ist besser

Jetzt hole ich noch ein paar Blümchen aus dem Garten und stelle sie in die Vase; dann ist der Tisch hübsch gedeckt. Wenn Johannes nach Hause kommt, brauche ich nur noch den Tee aufzubrühen, und wir können in Ruhe Abendbrot essen. Geschäftig eilt Hilde in der Wohnung umher, ordnet hier etwas, schiebt dort ein Bild zurecht und überblickt noch einmal den liebevoll gedeckten Tisch – alles in freudiger Erwartung ihres Mannes, wie jeden Abend.

Sie blickt auf die alte Standuhr und stellt fest: Ich bin wieder einmal viel zu früh fertig, mir bleibt noch fast eine Stunde Zeit, mich ein wenig hübsch zu machen. Sie legt etwas Rouge auf, zieht die Lippen dezent nach, und auf die Augenlider kommt etwas Puder. Kritisch betrachtet sie sich im Spiegel. Sie ist zufrieden mit sich. Ich brauche mich wirklich nicht zu verstecken. Im nächsten Jahr feiern wir schon unsere silberne Hochzeit. Dafür sehe ich noch recht gut aus. Hilde bürstet noch einmal das kastanienbraune, von wenigen Silberfäden durchzogene Haar und begibt sich in den Garten.

Hier läßt sie sich in den Liegestuhl fallen und greift nach einer Illustrierten, die sie aber unaufgeschlagen in den Händen hält. Der Gedanke an die bevorstehende Silberhochzeit hat sie ein wenig ins Grübeln gebracht: fünfundzwanzig Jahre verheiratet – das ist eine lange Zeit, das sind viele Monate und noch mehr Tage – Tage und Stunden der Liebe und Freude, voll überschäumender Lebenslust, aber auch viele Stunden der Sorgen, des Kummers und der Verzweiflung.

Die selbstverständlichen Sorgen und Freuden um die

Kinder will ich heute einmal ganz ausklammern. Sie gehören zum Leben wie das Salz in die Suppe. Aber so wie ich jetzt hier sitze und auf Johannes warte, so habe ich manchmal voll Ungeduld auf seine Heimkehr gewartet – und wehe, wenn er nicht pünktlich zu Hause war. Dann erwachte schlagartig mein Mißtrauen: Wo steckt er nur? Er könnte wenigstens anrufen. Aber nein! Er denkt überhaupt nicht an mich – aus den Augen, aus dem Sinn! Und ich sitze da und mache mir Sorgen. Was könnte nicht alles passiert sein. Ist er gar nicht mehr im Büro? Hat er vielleicht eine Freundin? Ein Verhältnis zu haben ist »modern«. Ist man etwa erst dann ein richtiger Mann?

Du liebe Zeit, was habe ich nicht alles gesehen in meiner von Mißtrauen geleiteten Phantasie: Johannes mit meiner besten Freundin, Johannes mit seiner Sekretärin im Arm, Johannes mit einer Superblonden! Das ging soweit, daß ich richtige Herzschmerzen bekam. Einmal rief ich sogar den Arzt, weil ich glaubte, mein unregelmäßig und wild schlagendes Herz würde aussetzen. Todesängste habe ich ausgestanden. Ein anderes Mal durchstöberte ich die Taschen seiner Anzüge, um etwas Verdächtiges zu finden. Dann wieder rief ich ihn in seiner Kanzlei zu jeder nur möglichen und auch unmöglichen Zeit an, um ihn zu kontrollieren. Ich suchte in seinem Gesicht und auf seinem Hemdkragen nach bestimmten Spuren, um endlich Beweise für meine Vermutungen zu haben.

Es war fürchterlich – mein übersteigertes Mißtrauen hat unsere ersten gemeinsamen Jahre nicht nur überschattet, sondern regelrecht vergällt, hat uns an den Rand des Zerwürfnisses gebracht. Wie oft war unsere Ehe wegen meiner Eifersucht in Gefahr! Ich selbst habe nicht daran geglaubt, daß wir einmal unser Ehejubiläum feiern würden, und doch ist es nun bald soweit. Und das verdanken wir einerseits Johannes' großer Geduld; andererseits kann ich zu meiner Entlastung aber auch sagen, daß bei mir irgendwann nach einem heftigen Streit zwischen uns der Knoten geplatzt ist. Ich habe damals eingesehen, daß mein Mißtrauen unberechtigt ist und alles zerstört, was wir uns in Liebe aufgebaut hatten. Ich habe plötzlich begriffen, daß Liebe auf dem Boden des Mißtrauens nicht gedeihen kann, daß ein Miteinander nur dort möglich ist, wo Vertrauen die Grundlage bildet.

Von da an arbeitete ich an mir. Das war eine harte Nuß, die ich da zu knacken hatte. Aber mit Johannes' Hilfe, der mir erzählte, was er tagsüber erlebt hatte, warum er später heimkam und mit wem er die Zeit verbrachte, habe ich es geschafft. Ich gab die ständigen Kontrollen auf, rief ihn nur noch an, wenn es nötig war oder um ihm etwas Erfreuliches mitzuteilen. Ich habe seine Anzugtaschen nicht mehr kontrolliert und auf seinem Hemdkragen keine Lippenstiftspuren mehr gesucht.

Aber warum geht mir das alles durch den Kopf? Natürlich – schön, da kommt er ja gerade! – weil unser Zusammenleben eine ganz neue, viel intensivere Basis bekommen hat. Mein neuer Lebensgrundsatz heißt übrigens seitdem: Vertrauen ist besser als Kontrolle.

Wie gut, daß Hilde zu dieser Einsicht gekommen ist: Vertrauen ist besser als Kontrolle. Andernfalls würde die Ehe zwischen Johannes und Hilde sicher nicht mehr bestehen oder aber groteske Formen angenommen haben. Kontrolle, was bedeutet das? Zum einen kann man darunter verstehen, daß ein Mensch, zum Beispiel eben eine

Ehefrau, die Macht an sich zieht und der Partner sich beugt. Ein ungleiches Verhältnis baut sich auf, das für eine gut funktionierende und gesunde Ehe schädlich ist.

Die verfeinerte Art der Kontrolle ist die heimliche Kontrolle, von der der Partner nichts ahnt. Die Motive dafür sind Mißtrauen, Eifersucht, Angst. Interessant dabei ist, daß das Mißtrauen sich nicht nur gegen die Mitmenschen – im Beispielfall gegen den Lebenspartner – wendet, sondern auch den Mißtrauischen selbst mit einbezieht. Wenn Hilde davon ausging, daß ihr Mann weitere Erfahrungen mit Frauen außerhalb der Ehe suchte, dann doch deshalb, weil ihrer Ansicht nach ihre menschlichen Qualitäten in körperlicher und seelisch-geistiger Hinsicht ihrem Mann nicht mehr genügten.

Hilde zweifelte also zu diesem Zeitpunkt vor allem an sich selbst. Sie war in sich unsicher, und dieses Gefühl der Unsicherheit und des eigenen Ungewißseins übertrug sie auf ihren Mann. Ihr Argwohn ließ die Frau nicht in sich ruhen und in innerer Harmonie leben, sondern stachelte sie an zu den unschönen Kontrollmanövern und schürte ihre Eifersucht – übrigens eine unbegründete, wie Hilde, aber auch ihr Mann mir versichert haben.

Die Eifersucht ist ein Gefühl, das man auf etwas bezieht, das einem »gehört«. In ihr tritt ein Besitzanspruch zutage. Aber kann und darf ein Mensch einen anderen Menschen besitzen wollen? Nein, ganz gewiß nicht. Aber was können wir tun, wenn die Angst in uns aufsteigt, den geliebten Menschen zu verlieren? Auf keinen Fall dürfen wir die Angst in Eifersucht ausufern lassen, denn gerade sie zerstört die Liebe. Die Eifersucht schadet nicht nur der Identität oder Einmaligkeit der geliebten Person, sondern sie unterdrückt sie auch.

Die Eifersucht stellt eine ernste Gefahr dar, eine Gefahr für die Entwicklung der Selbstsicherheit und des Selbstwertgefühls der Ehepartner.

Hilde hat diese Gefahr für ihre eigene Ehe erkannt und die Konsequenzen daraus gezogen: sie hat nicht ihren Mann ändern wollen, sondern sie hat sich selbst geändert. Ihre Einstellung zu sich selbst und zu ihrem Mann ist reifer geworden. Sie gibt ihr Mißtrauen und ihre Eifersucht auf. Sie fängt an, ihre eigenen Werte zu spüren und ihre eigene Schönheit zu sehen. Sie mag sich, und sie mag ihren Lebenspartner. Sie weiß jetzt, wer sie ist und was sie ihrem Mann bedeutet. Folglich läßt sie die Gedanken, die sie früher beunruhigten, gar nicht mehr aufkommen. Sie benötigt keine Kontrolle mehr.

Statt dessen pflegt sie das Vertrauen zu sich selbst und zu ihrem Mann. Es ist ein Gefühl, das wie jedes andere Gefühl seine Zeit braucht, um zu wachsen und zu reifen. Aber ist es ein positives Gefühl, in dem Angst und Eifersucht keinen Platz mehr haben. Diese Ehe zwischen Hilde und Johannes wird nicht kurzfristig bleiben, wie es zu Anfang ihrer Beziehung den Anschein hatte, sondern wird auf der Basis gegenseitigen Vertrauens immer schöner und erfüllter werden.

Beide Partner arbeiten an einer Beziehung innerhalb der Ehe, in der offenes Vertrauen seinen Platz hat. Johannes ist von sich aus bereit, ausführlich von sich, seiner Arbeit und den Menschen, denen er im Verlaufe des Tages begegnete, zu berichten.

Viele Menschen, die in einer herkömmlichen Ehe leben, tun das immer noch nicht. Das Vertuschen und Verheimlichen wird häufig damit begründet, daß man dem anderen Partner Ärger und Unannehmlichkeiten ersparen will. Hilft das jedoch einer Ehe, die wachsen und sich entwickeln will, weiter? Im Gegenteil, Mann und Frau werden sich auseinanderleben und sich eines Tages fremd gegenüberstehen.

Vertrauen, Offenheit und die Aufrichtigkeit innerhalb einer Ehe zeigen sich schon in den kleinen Erlebnissen des Alltags. Es kommt nur darauf an, wie die Partner ihr Andersfühlen, -schmecken, -riechen oder -sehen zum Ausdruck bringen, ohne den anderen zu verletzen. Es ist wichtig, daß wir ehrlich sind, ehrlich in unseren eigenen Gefühlen und ehrlich und offen zu unserem Partner. Dann können wir Schritt für Schritt weitergehen. Wir können dieses Vertrauen zueinander ausbauen und festigen und auf alle Gebiete übertragen, die uns in der Beziehung zu unserem Lebenspartner bedeutungsvoll erscheinen.

Voraussetzung ist und bleibt aber der Respekt der Partner gegenüber den Eigenschaften und persönlichen Wünschen des anderen. Beide benötigen ihren Freiraum, um ihre Persönlichkeit weiterentwickeln zu können. Aber beide benötigen auch das Vertrauen zu ihrer Zweierbeziehung. Wo dieses Vertrauen gewährleistet ist, kann eine gesunde, aufgeschlossene Ehe sich entwickeln und wachsen. Kontrolle erübrigt sich.

4
Die Phantasie der Liebe

Jeder kann Optimist sein

»Ich muß los, es wird höchste Zeit, sonst komme ich zu spät. Tschüs!« Mit den obligatorischen Küßchen für Mama und Papa entflieht Ina dem Familienkreis. Etwas besorgt schaut ihr die Mutter nach und ruft noch hinterher: »Fahr vorsichtig!«

»Na klar, ich paß schon auf!«

Es ist schön, ein so unkompliziertes, zuversichtliches Kind zu haben, das an alles ohne Angst herangeht und vorurteilsfrei und offen auf die Menschen zugeht. Aber manchmal meine ich, denkt die Mutter, daß Inas Zuversicht und Selbstvertrauen in Übermut oder gar Leichtsinn ausufern. Hoffentlich muß sie nicht einmal einen argen Dämpfer hinnehmen.

Die Sorgen der Mutter nehmen noch am gleichen Tag reale Formen an. Wo bleibt Ina nur, sie müßte doch längst zu Hause sein? Als das Telefon klingelt, fährt die Mutter zusammen und stürzt an den Apparat. Schon Inas Stimme spricht Bände. »Kind, was ist dir passiert?«

»Mir geht es gut, aber mein Auto hat es erwischt. Holst du mich hier ab?«

Am liebsten würde sie ihrer Tochter eine ordentliche Standpauke halten. Doch diesen Impuls unterdrückt sie rasch, als sie am Unfallort Inas Gesicht sieht, das weiß wie ein Bettlaken ist. Zitternd wie Espenlaub steht sie neben ihrem geliebten, stark verbeulten Auto.

Ob dieser Schock ihren Optimismus in die Knie zwingt? Ein paar Tage lang sieht es wirklich so aus. Ina schleicht wie ein begossener Pudel durchs Haus. »Wie mir so etwas passieren konnte, kann ich wirklich nicht begreifen. Ich muß mit meinen Gedanken völlig abwesend gewesen sein. Das macht mich ganz krank. Wenn ich an den Schaden denke, werde ich richtig wütend.« Dann sitzt sie mit hochgezogenen Knien im Sessel und brütet vor sich hin.

Doch schon bald hat sie den Schock überwunden, und ihr Lebenswille ist wiederhergestellt. »Gut, meinen geplanten Urlaub muß ich nun in den Wind schreiben. Schade! Aber nicht mehr zu ändern. Bis zum nächsten Jahr habe ich die finanzielle Seite wieder im Griff, dann fahre ich eben ein Jahr später.«

Daraufhin ergibt sich zwischen den Eltern etwas später ein gedankenschweres Gespräch:

»Ist es die Unbekümmertheit der Jugend, die ihr diese ungeheure Kraft gibt, sich mit Tatsachen so schnell abzufinden, auch wenn sie noch so unangenehm sind?«

»Eigentlich ist Inas Beispiel wirklich nicht zeittypisch. Viele Jugendliche blicken skeptisch und vor allem lustlos in die Zukunft nach dem Motto: Es hat ja doch alles keinen Sinn. Deren Leben ist von vornherein von Mutlosigkeit überschattet.«

»Liegt das wohl an den Eltern, die ihren Kindern falsche Lebensprognosen, überhöhte Lebenserwartungen und düstere Prophezeiungen vermitteln? Das wäre eine Erklärung für die oftmals gelähmt wirkende Jugend.«

»Es gibt auch heute noch viele lebenslustige, temperamentvolle junge Leute. Sie sind zwar nicht dicht gesät, aber es gibt sie. Und ich meine: Von ihnen kann man viel lernen.«

»Da hast du wohl recht. Mit weinerlichem Ach- und Wehgeschrei ändert man nichts. Da handelt man sich höchstens Magengeschwüre ein. Das weiß ich wohl, doch bin ich mir nicht sicher, ob man lernen kann, das Leben so zu nehmen, wie es kommt. Jeder Mensch ist doch anders veranlagt.«

»Man sollte aber zumindest versuchen, nicht alles tragisch zu nehmen. Besser ist, eine Situation von mehreren Seiten zu beleuchten; dann läßt sich fast immer auch etwas Positives finden.«

»Das ist leichter gesagt als getan. Ich jedenfalls bin lieber etwas vorsichtiger und mißtrauisch. Du weißt doch: Wer hoch fliegt, der kann tief fallen. Um mir solche Stürze zu ersparen, bleibe ich lieber mit beiden Beinen auf der Erde.«

»Deshalb bist du auch nicht so begeisterungsfähig und zudem oft deprimiert. Du kennst ja mein Motto: Nach Regen scheint die Sonne, nach Weinen wird gelacht. Irgendwie geht es immer weiter.«

»Ja, ich weiß, und ich bin froh, daß du mich immer wieder mit deinem Lebensmut ansteckst und mitreißt.«

Sicherlich haben Sie auch schon erfahren, daß Lebensmut und Optimismus ansteckend sein können. Sie fühlen sich bei Ihrer Arbeit nicht wohl, haben leichte Kopfschmerzen und sind deprimiert. Plötzlich klingelt die Haustürglocke. Ein Mensch steht an der Tür, der Lebensfreude und Optimismus ausstrahlt. Im Anfang spüren Sie vielleicht noch Ihren eigenen inneren Widerstand, fühlen vielleicht auch Ihre Resignation, aber dann geschieht etwas ganz Wunderbares – vielleicht wird es durch ein Wort ausgelöst, durch eine Bewegung der Hand, vielleicht durch ein Lächeln oder durch ein Aufleuchten in den Augen des Gegenübers? Egal, welcher Auslöser am Werke ist und den Funken überspringen läßt, die Wirkung ist immer wieder die gleiche. Sie fühlen sich angezogen, angesprochen und lassen Ihren inneren Widerstand fallen. Und dann kommt der Augenblick, da die Resignation vergessen ist, die Kopfschmerzen weg sind und Sie sich wohl fühlen – so wohl wie der Mensch, der mit einer positiven Lebenseinstellung und froher Aufgeschlossenheit in Ihren Gesichtskreis getreten ist.

Wir können mit unserem Denken, Reden und Handeln unsere Umwelt und – was noch wichtiger ist – uns selbst beeinflussen. Wir tragen in uns eine Verantwortung, wie positiv oder negativ wir auf unsere Mitmenschen einwirken wollen und können. Wir wecken in anderen Menschen Reaktionen von Fröhlichkeit und Optimismus, wenn wir selbst konstruktive und lebensbejahende Gedanken und Gefühle hegen und sie auch ausdrücken.

Wenn wir Angst, düstere Prognosen und Pessimismus um uns verbreiten, so können die prophezeiten Vorstellungen auch tatsächlich eintreten. Wenn eine Mutter sich hinreißen läßt zu sagen: »Genau wie dein Vater! Wenn du so weitermachst, wirst du für die nächste Arbeit wieder eine Fünf bekommen!«, dann braucht sie sich im Grunde genommen gar nicht zu wundern, wenn tatsächlich die nächste Fünf nach Haus gebracht wird. Sie hat ja diesen Wunsch in ihr Kind hineingelegt.

Gott sei Dank können wir anhand dieses Beispiels auch eine positive Möglichkeit aufzeigen. Die Mutter kann für sich das Vertrauen haben, daß ihr Kind den durchgenommenen Stoff verstanden hat; sie kann dieses Vertrauen ausstrahlen und es ihrem Kind vermitteln. Sie schafft damit Platz für Selbstvertrauen im Kind, das zuversichtlich an die nächste Arbeit herangeht und damit eine bessere Ausgangsbasis hat.

Die Kraft des Gedankens und des Wortes hat unfehlbar ihre Wirkung. Wie steht es aber nun mit dem Handeln? Mein Auftreten kann Optimismus verbreiten – oder das Gegenteil. Wenn ich aufgeschlossen bin, gehe ich offen auf die anderen Menschen zu. Kinder zeigen uns, wie natürlich und einfach das ist; sie können geradezu unsere Lehrer sein, was ihre angeborene und noch nicht verschüttete Fröhlichkeit und Offenheit anbetrifft. Die Atmosphäre, die sie um sich verbreiten, ist von Heiterkeit bestimmt.

Meine Kleidung allein schon kann Pessimismus oder Optimismus ausstrahlen. Ich kann düstere oder blasse Farben tragen; ich kann mich aber auch für lebendige, aktive und warme Farben entscheiden. Meine Kleidung kann mich einengen und einschnüren; ich kann mich aber auch in ihr wohl fühlen.

Ein immenses Potential positiver Kraft schlummert in jedem Menschen. Wir selbst haben es in der Hand, ob wir sie weiterschlummern lassen oder sie herauslassen wollen. Wir können uns lustlos zeigen oder begeisterungsfähig, wie gelähmt verhalten oder temperamentvoll, uns mutlos oder zuversichtlich, pessimistisch oder optimistisch geben. Mancher Mensch sitzt nach einem Mißerfolg wie gelähmt da, versinkt in Bitterkeit und Resignation und holt sich vielleicht auch noch eine Krankheit. Man kann aber auch anders reagieren – wie das junge Mädchen in vorstehendem Fallbeispiel: Ina läßt ihren angeborenen Lebenswillen zu. Sie überwindet aus eigener Kraft ihre Mutlosigkeit, beleuchtet, und das ist ausschlaggebend, von mehreren Seiten ihre Situation und kommt zu dem Ergebnis: Schade, aber die Realität kann ich im Augenblick nicht ändern. Aber im nächsten Jahr hole ich meinen Urlaub nach.

Das heißt: Der Schock über die finanzielle Situation und der Verlust des Urlaubs können ihrem Optimismus auf Dauer nichts anhaben, weil sie ihn weiterhin zuläßt und nicht mit dem Unfall erstickt. Ihrem Beispiel können wir alle folgen: Es hat keinen Zweck, daß wir passiv herumsitzen und darauf warten, daß die anderen etwas für uns tun. Wir selbst müssen unser Temperament herauslassen, müssen vorurteilsfrei und offen sein. Unser Frohsinn, unsere Lebenslust, unser Optimismus liegen in uns. Lassen wir heraus, was wir an Lebensmut und Kraft in uns haben.

Natürlich werden einige sagen: Na ja, so einfach ist das nun auch wieder nicht. Es gibt doch den Hunger in unserer Welt, die Aufrüstung, Kernwaffen und den sauren Regen. Hat das alles für mich nichts zu bedeuten? Natürlich sollen und dürfen wir nicht die Augen vor diesen Problemen verschließen. Aber durch Resignation und wehleidiges Lamentieren lösen wir sie sicher nicht.

Gerade negative Erfahrungen lassen unseren Optimismus wachsen und stärken unsere Kraft, die dazu beiträgt, daß unsere Welt, in der wir und unsere Kinder leben, schöner und vollkommener wird. Und je mehr Menschen bereit sind, das Jammern aufzugeben, und zu einer positiven Lebenseinstellung finden, desto zufriedener und zuversichtlicher werden sie sein, und um so mehr Lebensfreude können sie ausstrahlen und auf andere Menschen übertragen. Jeder Mensch hat ungeachtet seines Alters – ob Kind, Jugendlicher, Mensch mittleren Alters oder Pensionär – seine Chance, ein Optimist zu sein.

Wenn Sie noch nicht Optimist sind, sollten Sie es werden!

Überall gibt es Gutes zu entdecken

»Opa, Opa steh auf! Die Sonne scheint, wir wollen doch eine Radtour machen!« Martin wird etwas unsanft aus dem Schlaf gerissen. Sein ungestümer Enkel rüttelt ihn an der Schulter.

»Man nicht so hastig mit den jungen Pferden. Alter Mann ist doch kein D-Zug!«

»Du hast es mir aber versprochen. Bitte!«

»Ich komm' ja schon. Sag du schon mal der Oma, sie möchte uns etwas Proviant richten. Ich mach' mich derweil reisefertig.«

Glückstrahlend saust Robert los in die Küche, wo die Oma bereits den Frühstückstisch deckt. Der Junge ist gern bei den Großeltern. Sie haben immer Zeit für ihn und seine vielen Fragen, ganz im Gegensatz zu seinem Vater, der nur an seiner Karriere bastelt und arbeitet und dabei weder nach rechts noch nach links sieht. Für den Vater ist das Leben eine schwere Bürde, die auf seinen Schultern lastet. Er nimmt alles schrecklich ernst und verfolgt mit gerunzelter Stirn die Nachrichten: Die politische Lage ist kritisch, der Börsenbericht bedenklich, der

Arbeitsmarkt deprimierend. Deprimierend ist aber vor allem seine Nähe. Deshalb ist Robert so gern beim Großvater, der ihm auch die andere Seite des Lebens zeigt.

Pfeifend holt der Junge die Räder aus dem Schuppen, prüft den Reifendruck und packt die Seitentaschen mit Omas leckeren Broten und Getränken voll. Später liegt die Wanderkarte ausgebreitet auf dem Tisch, damit die Route geplant und eingezeichnet werden kann, und dann kann's losgehen. Mit einem fröhlichen Wanderlied auf den Lippen radeln die beiden aus der Stadt hinaus.

»Schade, nun ist es mit der Ruhe vorbei. Sieh mal, wie die Vögel verschreckt davonfliegen, das Ungetüm von Mähdrescher gefällt ihnen nicht – mir auch nicht!«

»So eine riesige Maschine hat schon etwas Bedrohliches an sich. Aber sie erleichtert dem Menschen enorm die Arbeit. Wenn ich daran denke, wie viele Leute früher nötig waren, um die Schwerstarbeit zu schaffen! In Staub und Schmutz, bei Regen oder Hitze wurden die Kornfelder mit der Sense gemäht, das Korn zu Garben gebunden und zum Trocknen aufgestellt. Später wurde es aufgeladen und in die Scheune gebracht, im Winter wurde gedroschen. Das war ein Arbeitsaufwand, wie er heute nicht mehr denkbar wäre. Heute macht das alles ein Mann mit einer Maschine in einem Arbeitsgang. Wir haben eine Entwicklung erlebt, die den Menschen Wohlstand, Erleichterung und Freizeit gebracht hat, leider aber auch Vereinsamung.«

Robert überlegt einen Augenblick, dann gibt er sich einen Ruck, die Frage brennt ihm schon so lange auf der Seele: »Hast du Angst vor der Zukunft?«

Verblüfft sieht Martin seinen Enkel an: »Wieso sollte ich Angst haben?«

»Ich glaube, Vati hat Angst. Wenn ich ihn reden höre, dann glaube ich, der Weltuntergang stehe vor der Tür. Er ist nie zufrieden, lacht selten, und daß er einmal singt, das habe ich noch nicht gehört.«

»O wie schrecklich, der Mann muß einem ja direkt leid tun. Er ist ein Schwarzseher, ein Pessimist. Paß nur auf, daß er dich nicht ansteckt!«

»Du bist ein Witzbold, Opa. Das ist doch keine Krankheit!«

»Vielleicht doch, aber eine seelische. Natürlich weiß auch ich, daß es nicht gerade rosig aussieht. Es gibt immer noch viel Not und Elend auf der Welt. Aber man darf sich auch nicht dem Erfreulichen verschließen. Überall gibt es Gutes zu entdecken. Für mich ist es eine große Freude, daß wir beide hier beisammen sind.«

»Ich fühle mich in deiner Nähe pudelwohl, Opa!«

»Wir biegen an der nächsten Kreuzung rechts ab. Dort ist dann nicht mehr soviel Verkehr.«

»Magst du Autos nicht, Opa?«

»Nicht so gern. Früher hatte ich meine Pferdekutsche. Da brauchte ich zwar etwas mehr Zeit für eine bestimmte Fahrt, aber dafür hatte ich unterwegs Muße, die Gegend zu sehen. Heute flitzen die Autos so schnell von Ort zu Ort, daß man sich auf den Verkehr konzentrieren muß. Dadurch entgeht einem manch schöner Anblick der Natur.«

»Aber du fährst doch selbst einen tollen Flitzer.«

»Flitzer ist wohl reichlich übertrieben. Aber gut, ein Auto hat seine Vorteile. Man kommt trocken, schnell und unabhängig ans Ziel. Ich kann jederzeit ganz schnell meine Kinder und Enkel besuchen. Und es gibt sicher noch viel mehr Gründe, die für das Auto sprechen. Man muß sowieso alles von mehreren Seiten beleuchten, bevor man urteilt.«

Während sie einträchtig nebeneinander durchs Land radeln, entgeht ihnen wenig. Einer zeigt dem anderen, was er sehenswert findet. »Sieh mal, Robert, liegt das Dorf dort unten im Tal nicht wunderschön?«

»Es sieht aus wie im Märchenbuch.«

»Ja, das stimmt, eine Landschaft, wie man sie sich erträumt und die als Modell für deine Eisenbahn gebaut werden könnte. Aber es gibt sie wirklich, unsere Erde bietet uns überreich Schönheiten an. Man muß nur die Augen offenhalten. Wollen wir dort am Feldrand Picknick machen?«

»Ja, hier zwischen Wald und Acker ist ein schöner Platz. Es duftet hier nach frischem Korn, aber auch nach Pilzen.« Sie sitzen dicht beieinander, umgeben von der Ruhe des Landes, umschlungen von dem vertrauten Band, das sie verbindet. Glücklich blicken sie sich an. Sie verstehen sich ohne viele Worte und wissen beide, daß sie diesen Tag in den Schatz ihrer Erinnerungen aufnehmen werden.

Der Kernsatz in dieser Geschichte ist: »Wir haben eine Entwicklung erlebt, die den Menschen Wohlstand, Erleichterung und Freizeit gebracht hat, leider auch Vereinsamung.« Ja, das stimmt. Der finanzielle Wohlstand erlaubt uns ein komfortables Leben und bietet uns im Augenblick mehr Sicherheit. Wir können den Urlaub in Spanien oder auf den griechischen Inseln verbringen, wir können uns ein Auto mit den vielen Extras kaufen, und wir können es uns leisten, endlich so zu leben »wie die andern«.

Wie die andern? Was bedeutet das für mich persönlich? Wenn ich wie die andern lebe, wo bleibe dann ich, mein Ich mit seinen Wünschen und seinen Sehnsüchten? Meine Sehnsüchte, die ich in meinem Innern trage und die ich bislang nicht realisiert habe, weil die Zeit fehlte, weil das Geld nicht reichte, weil die Familie oder der Mann oder die Frau etwas nötiger brauchte oder zu brauchen meinte.

Wenn ich in meinem Wohlstand leben will, dann stehe ich da und fühle mich wohl. So wohl wie Robert, der sich an die Schulter des Großvaters schmiegt. Ich meine nun aber nicht mehr den finanziellen Wohlstand, sondern das körperlich-seelische Wohlbefinden.

Geht es mir finanziell gut, so kann ich meinen Körper mit Essen und Trinken verwöhnen. Und wie reagiert der Körper darauf? Er mag diese Art der Verwöhnung gar nicht. Er setzt Fettpölsterchen an, läßt mich kurzatmig werden, Galle, Magen und Leber protestieren. Gehe ich diesem Problem auf den Grund, so merke ich, daß äußerer Wohlstand mir kein inneres Wohlbefinden bringt. Ich tausche bloß Geld gegen Krankheit. Muß das so sein? Nein, ganz bestimmt nicht. Ich entscheide für mich, was für meinen Körper gut ist, indem ich in meinen Körper hineinhorche.

Ich kann an beiden Situationen das Gute sehen. Mein Wohlstand gestattet mir, meinen Körper zu verwöhnen und mich mit allem Wünschenswerten zu umgeben. Ich komme aber auch zur Einsicht, daß dieser Wohlstand für mich schädlich sein kann.

Die Technik dieses Jahrhunderts ermöglicht uns, unsere tägliche Arbeit leichter und schneller zu bewältigen. Früher standen unsere Großmütter einen halben Tag in der kalten, feuchten Waschküche, um die Wäsche eines Monats zu reinigen. Verspannte Schultern und Rückenschmerzen waren die Folgen. Heute erledigen die Menschen neben ihrer anderen Arbeit das Wäschewaschen, ohne sich dieser Tatsache überhaupt noch bewußt zu werden.

Roberts Großvater besitzt zwar ein Auto wie jeder andere Mensch auch. Für ihn ist es aber kein »Flitzer«, wie der technisch interessierte Enkel das Auto sieht. Es ist für ihn auch kein Mittel, um anderen Menschen seinen Wohlstand zu zeigen. Für den Großvater, der über einen großen Erfahrungsschatz und viel Lebensweisheit verfügt, ist das Auto schlicht und einfach ein Fortbewegungsmittel über eine größere Distanz. Es bietet ihm Schutz gegen zu große Hitze und Kälte, und dank der Schnelligkeit des Autos kann er Zeit sparen. Zeit ist für ihn kostbar. Nur für ihn oder auch für uns?

Für jeden Menschen hat ein Tag vierundzwanzig Stunden. Es bleibt uns überlassen, wie wir diese Zeit nutzen. Die Technik offeriert uns verlockende Angebote. Haben Sie schon die Spannung erlebt, die eine Familie abends vor dem Bildschirm ergreift, wenn zwei unterschiedliche Meinungen aufkommen? Die Technik hilft. Kennen Sie das Gefühl, das eine Hausfrau überkommt, wenn sich kurzfristig Besuch zum Mittagessen ansagt? Die Technik hilft.

Die Erleichterungen, die uns dank der Technik gewährt werden, sind gut. Es ist aber wichtig, daß wir sie als solche erkennen und nicht als Selbstverständlichkeiten betrachten, auf die wir einen Anspruch haben. Die Probleme der Umwelt zeigen uns, womit wir diesen Komfort erkaufen. Erst im sinnvollen Umgang mit den technischen Errungenschaften kann sich das Gute an ihnen erweisen.

Immer mehr Menschen versuchen, ihre wachsende Freizeit, die sie infolge des Fortschritts der Technik gewinnen, befriedigend zu verwenden. Auf der einen Seite werden zahlreiche Arbeitsplätze durch die Rationalisierung bedroht, auf der anderen Seite haben wir die Chance, die gewonnene freie Zeit so zu gestalten, daß sie uns Freude macht. Die freie Zeit ist keine leere Zeit mehr, sondern wir können sie mit einer Beschäftigung füllen, die etwas Positives, Sinnvolles beinhaltet. Arbeit kann dann sogar reine Freude bereiten. Sie ermöglicht uns, selbst wieder aktiv zu werden und das, was an Kreativität in jedem Menschen vorhanden ist, herauszulassen. Die uns an jedem Wochenende zur Verfügung stehende Freizeit ist eine wunderbare Chance, die wir sinnvoll nutzen können, indem wir lesen oder schreiben, Musik hören oder Musik machen, Bilder ansehen oder Bilder malen oder auch indem wir wandern oder in vernünftiger Weise sportlicher Betätigung nachgehen.

Besonders schön und befriedigend ist die Gestaltung der Freizeit in Form des Zusammenseins und Miteinanderfühlens in der Gemeinschaft. Der Großvater und der Enkel erleben die Gemeinsamkeit in der Radtour und eine tiefe Befriedigung, indem sie sich gegenseitig öffnen. Beide haben trotz des großen Altersunterschiedes ein großes Vertrauen zueinander. Sie fühlen, daß ihre Gefühle auf der gleichen Ebene schwingen. Sie fühlen sich vom gleichen Band umschlungen. Und dieses Vertrauen erlaubt es ihnen, ihre Eindrücke und Empfindungen einander mitzuteilen. Der Junge schmiegt sich an den Großvater und genießt sein Wohlsein und die Liebe, die sich zwischen zwei Menschen ausbreitet. Trostlose Einsamkeit ist so ausgeschlossen. Der alte Mann braucht keine Angst vor der Zukunft zu haben. Dieses Geben und Empfangen wird ihm als Fähigkeit erhalten bleiben. Da er seine Erfahrungen mit anderen Menschen zu teilen versteht, hat sein Leben Sinn und er selbst am Leben Freude.

Das Schöne in den Alltag holen

Henning und Renate haben einige schwere Jahre hinter sich. Der nicht einfachen Ausbildung folgten die mühsamen Versuche, im Beruf Fuß zu fassen. Ständig kämpften sie gegen die finanzielle Enge. Dann kamen die Kinder. Wie oft hatten sie von einem schönen Urlaub geträumt! Aber die äußeren Umstände sprachen jedes Jahr aufs neue dagegen: einmal reichte das Geld nicht, dann wurde eines der Kinder krank, oder für die pflegebedürftige Großmutter fand sich keine Hilfe.

So gingen die Jahre ins Land, ohne daß die beiden Eheleute viel von der Welt und ihrer Schönheit gesehen hätten. Inzwischen glaubte Renate auch schon nicht mehr daran, daß auch sie einmal die Sonnenseite des Lebens genießen könnte. War sie denn nur zum Arbeiten da, bestand das angeblich so schöne Leben nur aus Verpflichtungen und Verzicht? Auch für ihre Zukunft zeichnete sich kein Bilderbuchleben ab.

Von einem Tag zum anderen änderte sich jedoch alles. Henning platzte freudestrahlend ins Zimmer: »Ich habe eine riesige Überraschung für dich – wir fahren nach München!«

Renate bekam Kulleraugen und glaubte, er mache sich einen Spaß mit ihr.

»Nein, ich scherze nicht. Ich muß den Chef bei einer Konferenz vertreten und verbinde diese Fahrt mit mindestens einer Woche Urlaub. Meine Schwester wird die Kinder hüten. Du siehst, es ist alles geregelt.«

»Ich glaub', ich träume. Kneif mich bitte, daß ich's glauben kann!«

Eifrig »ordnete« Renate das Haus, die Wäsche, packte die Koffer und gab den Kindern zwischendurch Ratschläge und Ermahnungen. Singend eilte sie geschäftig hin und her. Doch plötzlich bekam sie Angst. Sie blieb vor dem Garderobenspiegel stehen und sprach zu sich selbst: »Nun bleib nur schön auf dem Teppich, Renate. Noch ist nicht aller Tage Abend. Wie schnell kann wieder etwas dazwischen kommen, und dann bist du maßlos enttäuscht.«

Henning, der gerade hereinkam und die letzten Worte ihres Selbstgespräches gehört hatte, nahm sie einfach in die Arme: »Liebste, was soll schon passieren? Wir werden morgen in aller Herrgottsfrühe fahren und das Leben genießen!«

Und sie genossen ihre »Freiheit« wirklich wie Ausgehungerte eine Scheibe Brot. Gierig sogen sie sich randvoll mit neuen Eindrücken, ließen sich vom Leben der Großstadt mitreißen, fuhren hinaus und machten ausgedehnte Spaziergänge auf einsamen Wanderwegen in der faszinierenden Bergwelt. Einmal saßen sie eine Weile schweigend auf einem moosbewachsenen Stein, bis Renate meinte, ihr müsse das Herz zerspringen vor lauter Freude. Überglücklich gestand sie ihrem Mann: »Ich wußte gar nicht mehr, wie schön das Leben sein kann.«

Henning sah in ihre strahlenden Augen: »Und ich wußte gar nicht mehr, wie schön du bist.« Ein Kuß besiegelte diese Minuten tiefempfundenen Glückes.

Auf ihrer weiteren Wanderung machte einer den anderen auf die bizarren, lieblichen, duftenden, leuchtenden Schönheiten ringsumher aufmerksam. Sie erlebten jeden Augenblick intensiv und gemeinsam und spürten gleichzeitig, wie ihre Liebe aufblühte. Hand in Hand wie ein blutjunges Pärchen gingen sie durch die Tage, reine Lebensfreude und Dankbarkeit ausstrahlend.

»Morgen müssen wir die Heimreise antreten – schade!«

»Ja, etwas traurig bin ich auch. Aber ich freue mich andererseits auch auf Zuhause. Ich weiß ja nun, daß die Welt auch für uns beide Überraschungen bereithält. Das gibt mir neue Kraft und Zuversicht, den Alltag zu ertragen. Und weißt du, was ich mir vorgenommen habe? Ich will jeder Situation, jedem Tag und jeder Stunde das Schöne abgewinnen!«

»Dafür liebe ich dich.« Liebevoll legte er den Arm um ihre Schultern und sagte: »Ich bin so glücklich, daß ich die ganze Welt umarmen könnte.«

Wer kennt es nicht, dieses eintönige, monotone graue Leben? Jeden Tag zur Arbeit fahren, dieselben Gesichter sehen, dieselben Witze hören, jeden Tag saubermachen, kochen, waschen und die Kinder versorgen. Soll da nicht Unlust aufkommen, die die Arbeit zur Qual werden läßt? Wie unangenehm ist doch das Gefühl, das sich beim Anblick unerledigter Akten oder dem immer wieder nachwachsenden Haufen schmutziger Wäsche einstellt! Wir alle haben schon ähnliche Erfahrungen gemacht und den

Druck der äußeren Umstände gespürt, der auf uns liegt. Es ist ein Druck, der uns langsamer werden läßt, lähmt, aushöhlt, so daß wir schließlich die Welt um uns herum nur noch grau in grau sehen.

Aber muß das Leben wirklich so grau sein? Ist nicht am Beispiel von Renate und Henning zu sehen, welche Möglichkeiten wir noch haben, welche Türen uns offenstehen, wenn wir nur bereit sind, durch diese Türen hindurchzugehen.

Spontaneität gehört dazu, die rasche Entschlossenheit, Möglichkeiten, die uns angeboten werden, zu ergreifen, aber auch Chancen, die in uns liegen, wahrzunehmen und auszuschöpfen. In dem geschilderten Beispiel ist es die Chance, eine Dienstreise mit einem Kurzurlaub zu verbinden. Was bedeutet das für uns? Uns allen bieten sich täglich solche Chancen. Wir müssen nur bewußt leben, um sie zu erkennen und für uns zu nutzen.

Wieviel Freude und Liebe zum Leben können wir aus einigen freien Tagen schöpfen und sie hinübertragen in unseren Alltag! Plötzlich haben wir wieder die beglükkende Kraft zu lachen, daß der ganze Bauch zittert, ein Lachen, das ansteckend ist und auf die Umwelt überspringt. So manches scheinbar unlösbare Problem löst sich auf, wenn wir noch lachen können. Wir alle wissen, daß ein Lachen – manchmal schon ein Lächeln – die angeheizte Atmosphäre entspannt. Lachen hebt auch die Arbeitslust und trägt zu schnellerer Erledigung der Arbeit bei. Solches Lachen holen wir uns in der beglückenden Zeit einiger Ferientage.

Kleine Freuden, die wir im Urlaub erlebt haben, kehren als Erinnerung in den Alltag zurück und begleiten uns eine Zeitlang. Dinge, die wir von einem Urlaub heimgebracht und uns aufgehoben haben, verschönern unseren Alltag und geben uns in einsamen Stunden Freude und Lebenskraft. Vielleicht ist es eine getrocknete und gepreßte Enzianblüte, die an eine wunderschöne Wanderung in den Bergen erinnert, oder ein Stein mit dem Abdruck einer Muschel, der die sonnigen Tage an der Ostsee noch einmal heraufbeschwört. Für uns ist es wichtig, solche erlebte Glücksmomente festzuhalten und voll auszukosten. All unsere kleinen, aber echten Freuden können uns selbst über Zeiten der Krise und Trostlosigkeit hinweghelfen.

Andererseits müssen wir uns der Tatsache bewußt sein, daß den beglückenden »goldenen« Seiten der Erinnerung auch Lähmung und Belastung erwachsen können. Manch ein Mensch macht sich unglücklich, weil er statt im Heute, in der Gegenwart, voll da zu sein, sich im Gestern, in der Vergangenheit, festsetzt und sich nicht davon lösen will. Manch einer träumt sich, aus welchen Gründen auch immer, in das Vergangene hinein: so wie es war oder vielleicht hätte sein können. Ein anderer träumt in die Zukunft, baut Luftschlösser. Und beide übersehen die Gegenwart mit ihren vielen Chancen.

Möglichkeiten, die sich uns auftun, sollten wir nicht vorbeigleiten lassen, sondern nutzen, und zwar für uns und auch für unsere Umwelt. Machen wir es wie Renate, die zu ihrem Mann sagte: »Ich will jeder Situation, jedem Tag und jeder Stunde das Schöne abgewinnen.« Diese Frau weiß um die Freude des Augenblicks und spürt, daß sie die Energie, die ihr aus der Urlaubsfreude erwächst, mit in den Alltag hinübernehmen kann. Es ist ein Alltag, den sie mit ihrem Mann und ihren Kindern teilen und gestalten wird. Halten Sie das auch so?

Ich werde täglich besser

Endlich Feierabend! Rudolf wirft den Kugelschreiber hin und läßt die Unterlagen auf dem Schreibtisch liegen. Nichts kann ihn an diesem verhaßten Ort noch halten. Er zieht sein Jackett an, nimmt seine Tasche und strebt dem Parkplatz zu. Aber auch das tut er ohne Schwung und Elan. Von seiner Umwelt nimmt er kaum etwas wahr, weil es sich nicht lohne, meint er. Nur seine Nase scheint zu funktionieren: Ein Mief ist das hier immer, wenn alle Autos auf einmal in Gang gesetzt werden! Aber auch er setzt sich hinter das Steuer seines Wagens, zündet und gibt reichlich Gas.

Zu Hause angekommen, bringt er sein Gefährt in die Garage, läßt in der Diele seine Tasche und sich selbst in den nächsten Sessel fallen – natürlich vor dem Fernseher, der ihn dann stundenlang berieselt.

Das Abendessen bekommt er an Ort und Stelle serviert. Er merkt nicht einmal, was er ißt. Wenn Helene ihn fragt, wie es ihm geschmeckt habe, murmelt er nur gleichgültig: »Ganz gut.« Welch eine tägliche Beleidigung für die Hausfrau, die mit viel Mühe täglich das Essen richtet! Aber immer noch besser, als wenn er auch mit mir noch nörgeln würde, denkt seine Frau und tröstet sich damit.

Die Kinder haben sich inzwischen an diesen Zustand gewöhnt. Sie gehen mit allen ihren Sorgen und Nöten, aber auch mit ihren freudigen Erlebnissen zur Mutter. Sie hört wenigstens zu und antwortet. Rudolf sitzt derweil vor dem Fernseher und meckert an allem herum: Die Regierung kann nicht wirtschaften; die großen Wirtschaftsbosse nehmen die Menschen aus wie Weihnachtsgänse; die Polizei ist nicht in der Lage, mit diesem Pack von Demonstranten fertig zu werden, die noch dazu anständige Menschen belästigen und andere Jugendliche aufwiegeln; er schimpft auf die Ausländer, die den Deutschen die Arbeit wegnehmen. Jeder bekommt sein Fett ab.

Und er selbst sitzt phlegmatisch da, rührt keinen Finger, wenn es nicht unbedingt erforderlich ist, weil er ja doch nichts ändern kann und weil man ihn sonst ausnützen würde. Arbeitet er mehr und verdient dadurch etwas mehr Geld, so kommt gleich das Finanzamt und knöpft ihm das meiste wieder ab; hilft er seiner Frau einmal in der Küche, wird er sogleich ausgenutzt und muß nicht nur den Mülleimer hinunterbringen, sondern auch abwaschen und putzen; kümmert er sich um die Schularbeiten der Kinder, verläßt die Bagage sich bald ganz auf ihn. Am besten, man kümmert sich um nichts und niemanden, bleibt im Sessel hocken und macht ein verdrießliches Gesicht. Dann hat man seine Ruhe.

Mit der Ruhe ist es heute abend vorbei: Es klingelt an der Wohnungstür. Mit fröhlichem Hallo wird Helene begrüßt. Die Männer wollen Rudolf zum Kegeln abholen.

»Geht nur allein, ich habe keine Lust.«

»Kneifen gibt es nicht, du kommst mit, und zwar ohne Widerrede!«

Er geht mit, aber ohne jegliches Interesse. Die anderen haben sich viel zu erzählen, von der Arbeit, vom Urlaub, von den Kindern, von der Grillparty des Sportvereins und dem letzten Gartenfest bei Meiers. Rudolf hält sich aus der Unterhaltung weitgehend heraus. Nur ab und zu gibt er seinen Senf in Form von bissigen Bemerkungen dazu, bis einem Kegelbruder der Kragen platzt: »Du bist ein richtiger Spielverderber! Entweder du nörgelst und verdirbst damit allen anderen die gute Laune, oder du schweigst dich aus und sitzt nur da mit vorwurfsvoller Miene!«

»Es ist ja wirklich nicht zu fassen, wie ihr über alles und jedes schwafelt und tratscht wie alte Waschweiber! Ihr freut euch über Dinge, die selbstverständlich sind, und seht dabei gar nicht, wie schlecht es um uns bestellt ist.«

»Das mußt gerade du sagen! Du kümmerst dich doch um gar nichts mehr, wirst mit jedem Tag vergrämter und merkst nicht einmal, was dir durch deine phlegmatische und abweisende Haltung alles entgeht.«

»Ich weiß genau, was in der Welt los ist. Das Fernsehen berichtet ausgiebig über alle Mißstände. Da bleibt kein Platz mehr für Spaß und Freude.«

»Ich habe trotzdem Spaß am Leben, denn ich sehe alles Lobenswerte in allernächster Nähe, dafür brauche ich kein Fernsehen. Schließlich hat es zu jeder Zeit irgendwelche Mißstände, Krankheiten, Seuchen und auch Kriege gegeben, und die Erde dreht sich heute noch. Es wird auch diesmal keinen Weltuntergang geben.«

»Daran kann man nur glauben, wenn man mit geschlossenen Augen herumläuft. Das ist vielleicht auch von Vorteil, aber irgendwann kommt auch für euch das böse Erwachen.«

»Mag sein, daß schlechtere Zeiten kommen, aber bis dahin werde ich mir das Leben nicht vermiesen lassen von einem Querkopf, wie du einer bist. Ich kann mich noch freuen, wenn ich eine Neun gekegelt habe oder wenn mein Sohn mit einer guten Arbeit nach Hause kommt, wo meine Frau mit einer leckeren Mahlzeit auf uns wartet. Wetten, daß du nicht weißt, was du heute zu Abend gegessen hast oder was deine Tochter in der Schule erlebt hat?«

Wutentbrannt über diese Attacke von allen Seiten reißt Rudolf seine Jacke vom Haken und rennt davon. Etwas aber hat diese Debatte bewirkt: sie hat Rudolf zum Nachdenken angeregt. Kreuz und quer läuft er durch die Gegend, bis er sich zu einem Entschluß durchgerungen hat: Zu irgendeinem Zeitpunkt muß ich mich verbiestert haben, so kann und darf das nicht weitergehen. Ich werde mein Leben neu ordnen, denn es stimmt wirklich, daß die kleinen täglichen Freuden das Leben lebenswert machen – was sonst? Ich will, sagt er sich, in Zukunft mit offenen Augen vor allem die guten Seiten sehen, will aufmerksam und mit Interesse meine Umgebung betrachten, nicht mehr nur die Nachteile registrieren, sondern vor allem die Vorteile beachten. Ich werde ein Besserungsprogramm aufstellen und an mir arbeiten. An jedem Tag will ich ein bißchen besser werden!

Über den Entschluß dieses Mannes können wir uns freuen. Wie schön, daß ein weiterer Mensch bereit ist, sich aus eigenem Antrieb zu ändern, um seinem Leben die positive Seite abzugewinnen!

Aber wie viele Menschen laufen immer noch am echten Leben vorbei! Sie öffnen die Augen nicht für die Herrlichkeiten dieser Welt, um sich zu freuen, sondern suchen nach den Schattenseiten. Für sie scheint es eine Lust zu sein, Negatives zu erfahren und in sich hineinzusaugen. Für solche Menschen ist es eine Befriedigung, schlechte Nachrichten zu hören oder zu lesen, fast möchte ich sagen, eine Notwendigkeit. Was wäre ihr Leben, wenn sie ihren Pessimismus nicht bestätigt fänden? Es soll Menschen geben, die sich nur für zwei Seiten einer Zeitung besonders interessieren, und zwar für die Seite mit den Todesanzeigen und für die Seite mit den Berichten über Katastrophen, Unfälle, Putsche und Intrigen in Politik und Gesellschaft.

Was erreichen sie damit? Sie nehmen Nachrichten auf, die meistens nicht für sie persönlich bestimmt sind. Diese Nachrichten beziehen sich oft auf Situationen und Menschen, zu denen sie gar keinen persönlichen Kontakt haben. Aber sie ermöglichen es ihnen, sie in ihrer Unzufriedenheit zu bestärken. Solche Menschen erinnern mich an Mäuse in einem hölzernen Laufrad. Sie bewegen ihre Beine und setzen damit das Rad in Bewegung. Und so laufen und laufen sie, einmal schneller, einmal langsamer, und sicher glauben sie, einen weiten Weg zurückgelegt zu haben. In Wirklichkeit befinden sie sich immer noch an derselben Stelle.

Ein ähnliches Bild habe ich von solchen auf das Unheilvolle erpichten pessimistischen Menschen. Immer wieder saugen sie unter allen möglichen die deprimierendsten Nachrichten des Tages ein und bestätigen sich damit ihre eigene innere Unzufriedenheit und erfahren deswegen natürlich keine innere Bereicherung. Sie nutzen nicht die Chance, sich zu entwickeln und in ihrer Umwelt auch das Schöne und Erfreuliche zu sehen. Sie wollen solches ja auch gar nicht wahrhaben. Das können und dürfen sie nicht, denn dann käme ihr Laufrad zum Stillstand. Eine Maus dagegen kennt instinktiv ihren Lebensrhythmus: Wenn ihr Bewegungsdrang gestillt ist, hält sie ein. Das Rad steht still, und die Maus befriedigt ihren Hunger oder ihr Schlafbedürfnis.

Wir Menschen haben weitgehend verlernt, in uns hineinzuhorchen, um unsere wahren Wünsche zu erfahren. Und dabei ist es so einfach, tragen wir doch alle positive Anlagen in uns. Das ist der entscheidende Punkt, der Volksmund sagt »der springende Punkt« und meint damit, daß danach eine neue Bewegung eingeleitet wird. Wenn der Mensch erst einmal seine pessimistische Einstellung erkannt hat, dann heißt der nächste Schritt: Erkenne das Positive!

Ich glaube, daß dies der wichtigste Schritt ist, den ein Mensch tun kann, der defätistisch durchs Leben geht, der ständig nörgelt und meckert und seine Umwelt kritisiert. Jedes Ding hat zwei Seiten! Oder auch: Man muß auch die Kehrseite der Medaille sehen! Die sie nicht sehen, sorgen, grämen und ärgern sich über Probleme anderer, aber letzten Endes sind sie selbst die Leidtragenden. Sie tragen wortwörtlich das Leid der anderen; zusätzlich zu ihren eigenen tragen sie noch die Probleme der anderen mit sich herum. Und natürlich strahlen sie die Summe der eigenen und der fremden Trübseligkeit aus, die auch auf andere Menschen überfließt.

Wieviel beglückender ist es, wenn wir das Positive in uns hervorkehren und bereit sind, das Gute in unserer Umwelt zu sehen und wahrzuhaben. Das Wort »wahrhaben« gefällt mir gut: wahr-haben. Denn das Gute, das Positive ist wirklich da, ist vorhanden. Es geht nur, wie die Bibel sagt, darum: »Wer Augen hat zu sehen, der sehe.«

Sind wir bereit, das Positive zu sehen und in uns einzulassen, so sind wir schon einen Schritt weiter. Dennoch wird dieser Schritt manchen Menschen schwerfallen. Ihnen mag es helfen, wenn sie diese Rolle erst einmal spielen. Wir probieren also aus, nicht mehr negativ, sondern positiv zu denken. Wir sehen nicht mehr das Haar in der Suppe, sondern freuen uns an ihrem Geschmack, ihrem Gehalt und teilen diese Freude mit den anderen, indem wir uns mitteilen. Auch das ist wichtig: Freude, die wir in uns empfinden, in anderen zu entzünden, sei es durch das Wort oder die Geste.

Wir denken also positiv, und wir äußern unsere Gedanken positiv. Merken Sie, wie ein Gedanke lebendig wird und Gestalt annehmen kann, sei es durch das Wort oder die Tat?

Positiv denken und positiv sprechen sind die Schlüsselwörter, mit denen wir arbeiten oder, was zunächst noch Rollenspiel ist, mit denen wir jetzt spielen. Probieren Sie es gleich heute einmal aus, welche Wirkung Sie bei Ihrem Mann, Ihrer Nachbarin oder beim Einkaufen erzielen. Sie werden staunen, vermutlich sich freuen und zufrieden sein. Vielleicht werden Sie an diesem Spiel Gefallen finden und neue Varianten ausprobieren. Schrittweise gehen Sie weiter.

Und eines Tages – das wünsche ich Ihnen von ganzem Herzen – sind Sie von dem Gefühl durchdrungen, daß dieses Spiel ein Teil von Ihnen selbst ist und zu Ihnen gehört. Kein Spiel, das Ihnen von außen angeboten wird wie Schach oder »Mensch ärgere dich nicht«. Nein, echtes, unverfälschtes Spiel mit der Freude, die in Ihnen lebt und die Sie bereit sind, mit anderen Menschen zu teilen. Es liegt an Ihnen, sie wachsen zu lassen.

Die eigenen Möglichkeiten sind unbegrenzt

Auf dem Weg zur Handwerkermesse fiel Hannelore wieder ein, daß sie Walter noch eine heikle Frage stellen wollte. Sie mußte nur den richtigen Augenblick abpassen. Der geeignete Zeitpunkt schien ihr nun gekommen zu sein. Im Auto konnte man so nebenbei reden und antworten, sich eventuell etwas mehr Zeit für eine Antwort lassen, ohne daß es auffiel. Die Straße erfordert ja manchmal die ganze Aufmerksamkeit.

Hannelore gab sich selbst sozusagen einen ermunternden Rippenstoß und fragte sachlich, beinahe nebensächlich: »Was hältst du davon, Herta und Harry zu fragen, ob sie an unserer geplanten Herbstwanderung teilnehmen wollen?«

Die Frage überraschte Walter. Er war mit seinen Gedanken nicht beim Urlaub, sondern bei der Ausstellung. Eine bange Minute verstrich, Hannelore hatte schon Angst um den schönen Tag; da kam die Antwort doch noch: »Warum nicht? Du hast Herta gern, nicht wahr?«

»Ja, sie ist mir sehr sympathisch, kein bißchen überheblich, sondern ehrlich und natürlich.«

»Sie hat allem Anschein nach auch einen sehr guten Einfluß auf ihren Mann. Er hat seine Arroganz weitgehend abgelegt. Wenn ich noch an frühere Zeiten denke! Zuerst waren wir Sandkasten-, dann Schulfreunde. Aber als er auf das Gymnasium ging, hatte ich immer das Gefühl, er spielt sich auf und blickt auf uns Realschüler herab. Ich konnte nur die Realschule besuchen, nicht weil ich dümmer war als er, sondern weil meine Eltern eine lange Schulzeit und ein Studium erst recht nicht bezahlen konnten. Meine Eltern mußten immer schwer arbeiten, um mich und meine drei Brüder einigermaßen durchzubringen. Meine Möglichkeiten waren von vornherein eingeschränkt, wogegen Harry sich viel Zeit für seine Ausbildung lassen konnte und alles bekam. Seine Eltern schenkten ihm zum bestandenen Abitur doch glatt einen »Käfer«. Ich mußte mir hingegen alles vom Mund absparen. Mein Traumberuf war von jeher Architekt gewesen. Schon als kleiner Junge malte ich mit Vorliebe Häuser in allen Varianten – richtig phantasievoll. Das ist ja leider nur ein Traum geblieben. Mehr als die Tischlerlehre war nicht möglich gewesen.«

»Und an dem unterschiedlichen Bildungsniveau ist eure Freundschaft gescheitert?«

»Ich konnte seine überhebliche Art nicht ertragen. Da ging ich ihm lieber aus dem Weg, und als er dann zu studieren begann, sah ich ihn ohnedies nur noch sehr selten.«

»Mir scheint, du warst damals sehr sensibel und hast dementsprechend empfindlich reagiert. Du warst eingeengt, er war sorgenlos – das hat dich geärgert und auch ein wenig neidisch gemacht. Könnte es so gewesen sein?«

»Das mag stimmen. Heute sieht das Verhältnis ja wieder etwas anders aus. Er ist Tiefbauingenieur, ich habe meine Meisterprüfung abgelegt. Wenn auch erst später, aber ich habe es geschafft. Ich mußte nur erst einsehen, daß meine Möglichkeiten gar nicht so begrenzt waren, wie ich immer angenommen hatte. Außerdem behinderten mich meine Minderwertigkeitskomplexe sehr.«

»Du hattest Komplexe? Davon habe ich aber nichts bemerkt. Für mich warst du immer ein richtiger Draufgänger.«

»Danke für das Kompliment. Also bin ich nicht nur ein guter Tischler, sondern auch ein guter Schauspieler. Ich litt sehr unter meinen Komplexen.«

»Sag mal, Walter, bist du heute wirklich zufrieden in deinem Beruf? Du hast einen florierenden Betrieb aufgebaut mit einem zufriedenen Kundenstamm, hast ein gutes Einkommen, aber bist du selbst rundherum glücklich?«

»Eigentlich schon. Ich bin mit meiner Leistung zufrieden. Deshalb kann ich heute auch wieder mit Harry auskommen. Ich weiß, daß ich ihm inzwischen wieder ebenbürtig bin. Jedenfalls habe ich meine Grenzen enorm erweitert.«

»Ich meinte eigentlich, ob du deinen Traum begraben hast oder ob er noch manchmal auftaucht.«

»Wenn du mich so fragst: Mich juckt es immer noch hin und wieder in den Fingern. Aber dafür ist es nun zu spät. Ich bin für ein Studium zu alt. Da stoße ich schon wieder an meine Grenzen.«

»Warum resignierst du? Du könntest doch bei einem Studium zum Architekten deine praktische Erfahrung gut einsetzen, Geschmack und Phantasie hast du auch, und dumm bist du auch nicht Was steht dir also im Wege?«

»Hannelore, mit dir gehen die Pferde durch. Stell dir bloß einmal vor, ich sitze zwischen zwanzigjährigen Jünglingen auf der Schulbank. Soll ich mich auslachen lassen?«

»Wer sollte dich auslachen? Wenn du Spaß am Lernen und den festen Willen hast, das Examen zu machen, dann tu's um deiner selbst willen. Damit sprengst du alle Schranken und schiebst deine künstlich errichteten Grenzen wieder ein weiteres Stück hinaus. Du hast die freie Entscheidung.«

»Das ist leichter gesagt als getan. Ich habe inzwischen eine große Verantwortung übernommen. Ich kann die Leute doch nicht einfach auf die Straße setzen, nur um meinem Egoismus zu frönen.«

»Weißt du, darüber reden wir ein andermal. Da gibt es sicher Mittel und Wege. Aber deine Möglichkeiten solltest du ausschöpfen.«

Möglichkeiten ausschöpfen! Können Sie sich das bildlich vorstellen? Da ist ein riesiger Topf, und Sie haben einen Schöpflöffel, den Sie in den vollen Topf hineintauchen, ihn herausheben und den Inhalt auf einen Teller gießen. Und Sie tauchen ihn wieder ein und leeren ihn wieder. Eintauchen – leeren, und immer mehr Teller können Sie füllen. Ein herrliches Spiel, Ihr Spiel, wenn Sie wollen. Jeder Mensch trägt unendlich viele Möglichkeiten in sich. Wir alle haben unvorstellbar viele Anlagen in uns, und es liegt nur an uns, sie herauszulassen. Aber tun wir das?

In dem vorstehenden Beispiel erfahren wir, wie Walter seine Möglichkeiten bislang genutzt hat. Er wächst in einer Familie auf, die vier Söhne großziehen muß. Da die Eltern nicht wohlhabend sind, bekommt jedes Kind die gleiche Chance, einen praktischen Beruf zu erlernen, der aber nicht zuviel Zeit beanspruchen darf. Walter steckt voller Phantasie, und seine Ideen bleiben nicht im Wolkenkuckucksheim; er bringt sie zu Papier. Leider sind zu dem Zeitpunkt Walters Möglichkeiten beschränkt. Seine Eltern müssen hart arbeiten, um die Kinder durchzubringen, und die Lehrer ahnen vielleicht nichts von dem Talent, das in dem Kind schlummert und ans Tageslicht drängt. Anfangs ist niemand da, der dem Kind helfen und es fördern könnte. Dennoch geht dieser Junge und später der Mann zielbewußt seinen Lebensweg und legt schließlich seine Meisterprüfung als Tischler ab.

Die Meisterprüfung als Endziel – kann ein Mensch von sich sagen, daß er sein Endziel erreicht hat? Kann ein Mensch jemals Meister in seinem Fach werden? Gibt es nicht immer wieder etwas dazuzulernen? Ich sehe vor mir einen Baum, der Jahr für Jahr einen neuen Lebensring ansetzt und in die Höhe und Breite wächst. Er wächst so lange, bis er stirbt.

Wie sieht nun das Wachstum bei uns Menschen aus? Können wir auch Ring für Ring ansetzen? Ja, sicherlich! Wir können auch wachsen: körperlich, geistig, seelisch, und das bis zu unserem letzten Atemzug hier auf dieser Erde. Wir haben es in der Hand, ob wir weiterwachsen wollen, stagnieren oder gar schrumpfen.

Es gibt Menschen, die an einem bestimmten Punkt ihres Lebens haltmachen und sich nicht mehr weiterentwickeln. Sie ähneln einer Blüte, die in ihren schützenden grünen Deckblättern festsitzt und nicht die Kraft hat, weiterzuwachsen und sich zu entfalten. Diese Menschen sitzen da, legen ihre Hände in den Schoß und warten. Es ist ein inneres Warten. Äußerlich sind sie vielleicht auf ihrer Ebene sehr aktiv. Ist Walter etwa nicht aktiv? Der Betrieb floriert. Das Einkommen ist gut, der Kundenstamm zufrieden, und er selbst ist auf seine eigene Leistung stolz. Das ist auch sein gutes Recht! Aber wie lange will er darauf stolz sein und sich auf diesen Lorbeeren ausruhen?

An der Oberfläche ist alles glatt und ruhig, aber etwas tiefer ist doch eine Unruhe spürbar. Dort liegt der Traum begraben, ein Architekt zu sein. Ab und zu steigt der Wunsch wie eine Luftblase an die Wasseroberfläche auf und zerplatzt. Oder aber der Wunsch wird wieder hinuntergedrückt, und Resignation macht sich breit: Ich bin ja schon zu alt, mit den Hopsern kann ich es ja doch nicht mehr aufnehmen. Ich habe ein Geschäft und kann meine Kunden nicht enttäuschen. Außerdem trage ich die Verantwortung für meine Angestellten. Aber vielleicht will ich doch?

Kennen Sie dieses Hin und Her? Einen Schritt vorwärts, aber sogleich einen Schritt wieder zurück. Es ist ein schlechtes Spiel, das manche Menschen mit sich selbst spielen und sich selbst so ausmanövrieren. Sie paaren ihre Entschlußlosigkeit mit Unsicherheit. Sie trauen sich selbst nichts mehr zu, wollen nichts sehen, nichts hören und finden, daß die anderen sowieso alles besser machen. Das Leben zerrinnt unter ihren Händen.

Aber ist das der Sinn unseres Lebens? Dürfen wir ausruhen auf dem Erreichten? Ich denke, daß wir nach einem reifen und vollausgeschöpften Leben genug Ruhe finden werden. Heute und hier können wir zu jedem Zeitpunkt neu anfangen. Jeder Mensch, der den festen Willen, neu anzufangen, und ein Ziel vor Augen hat, wird Schritt für Schritt weiterkommen und sein Ziel erreichen. Viele bekannte Persönlichkeiten haben immer wieder neu angefangen, bis sie an das Ziel ihrer selbst gesteckten Wünsche gelangten. Der amerikanische Romancier und Nobelpreisträger WILHELM FAULKNER war Tischler und Anstreicher, bevor er einer der bekanntesten Schriftsteller unseres Jahrhunderts wurde.

Die Energie, die ungenutzt ın jedem Menschen schlummert, kann durch den aufrichtigen Wunsch, etwas Bestimmtes erreichen zu wollen, aktiviert werden. Wir dürfen nur keine Angst vor dem Kommenden haben und uns dadurch lähmen lassen, wir müssen vielmehr unsere ganze Kraft auf die Gegenwart richten. In der heutigen Zeit muß kein Mensch mehr seinen einmal gelernten Beruf sein ganzes Leben lang ausüben. Jeder hat die Chance, sich im Leben umzusehen und seine Erfahrungen aus dem alten Beruf in eine neue, von ihm gewählte Betätigung einzubringen. Der Möglichkeiten gibt es viele!

5
Alt werden und jung bleiben

Der Rest wird zum Kern

Als die Wohnungstür aufgeht, eilt Anita ihrem Mann entgegen: »Da bist du ja endlich, mein Lieber!« Stolz und liebevoll blickt sie zu ihm auf: »Geh nur schon ins Eßzimmer, ich komme gleich mit dem Abendessen nach.« Anita hängt noch seinen dunkelblauen Trenchcoat auf den Bügel – seit fast vierzig Jahren ist das so Tradition. Sie sieht ihm nach und denkt: Trotz seiner schlohweißen Haare sieht man ihm sein wahres Alter nicht an, aufrecht und mit festen Schritten wie eh und je geht er seinen Weg, auch heute noch.

Wilhelm steht derweilen am Fenster, er hat sich eine Pfeife angezündet, die er genüßlich raucht, während er in Gedanken den Tag noch einmal ablaufen läßt. Immer wieder muß man über die Hilflosigkeit älterer Menschen staunen, wenn es um Formalitäten geht. Es ist doch wirklich so, wie ein Sprichwort sagt: Von der Wiege bis zur Bahre – Formulare, Formulare!

In meinen ganzen langen Berufsjahren ist mir das nicht so aufgefallen. Nun, in meinem Beruf als Rechtsrat der Stadt ging es ja nur selten um den einzelnen, sondern fast immer um Kommunalangelegenheiten. Damit war ich so sehr ausgelastet, daß ich nicht einmal merkte, wie schnell der Tag meiner Pensionierung heranrückte. Und mit diesem Tag begann plötzlich der Leerlauf, der mich fast erdrückt hätte. Was hatte ich nicht plötzlich für Wehwehchen! Es begann mit Unwohlsein, Müdigkeit, Kopfschmerzen; die Beine wollten nicht mehr so recht; es reichte über Appetitlosigkeit bis hin zur Apathie, ganz zu schweigen von der miesen Laune, die die arme Anita tagtäglich ertragen und manchmal auch ausbaden mußte. Beleidigt war ich, bis ins Innerste getroffen, weil man mich einfach abgeschoben und einen Jüngeren an meinen Platz gesetzt hatte. Undank ist der Welt Lohn! Ja, das dachte ich wirklich.

Mein bis dahin gesunder Menschenverstand verrannte sich in Mißtrauen dem Leben und den Mitmenschen gegenüber, und es hat eine Weile gedauert, bis ich mich in mein ganz normales Rentnerschicksal fügen konnte. Ich litt schrecklich unter der Nutzlosigkeit meines Daseins, fühlte mich regelrecht gedemütigt, abgeschoben auf die Wartebank zum Jenseits. Ich glaubte tatsächlich, mit dem Ausscheiden aus dem Berufsleben sei mein Leben beendet – wie konnte ich nur! Doch wie viele Menschen leiden unter dieser falschen Vorstellung! Dabei kann es ganz anders sein.

Übrigens – gut, daß mir das einfällt –, ich müßte dem alten Herrn von nebenan wieder einmal einen Besuch abstatten und ihm eine seiner geliebten Zigarren bringen. Schließlich war er es, der mir einen neuen Weg gewiesen hat. Ich sehe heute noch, wie er hilflos vor mir stand mit diesem Formular in der Hand und wie glücklich er dann war, als wir den gemeinsam ausgefüllten Unfallbericht an die Versicherung abschickten. Mein Honorar bestand in der Dankbarkeit eines Menschen, die mich sehr nachdenklich stimmte, und so kam es, daß mein Kopf wieder zu arbeiten begann.

Plötzlich wurde mir klar, daß ich mit meinem Wissen und meiner Erfahrung vielen Menschen behilflich sein konnte. Also war ich doch kein nutzloses, überflüssiges Wesen. Im Gegenteil, die sogenannten Großen haben Geld und Einfluß, mit deren Hilfe sie sicher zu ihrem Recht kommen. Aber wer kümmert sich um die anderen? Plötzlich wußte ich: Auf meine alten Tage habe ich erst die wirkliche Berufung meines Lebens gefunden! Meine Daseinsberechtigung ist mit meinem »Beratungsbüro für Rechtsfragen und Formularbewältigung« eher noch gestiegen. Auch wenn mich viele meiner Berufs- und Altersgenossen für verrückt halten, weil ich unentgeltlich anderen Menschen zu Recht und oftmals auch zu Geld verhelfe, fühle ich mich heute wohler und ausgeglichener als jemals zuvor. Ist das eigene Wohlbefinden und die Dankbarkeit anderer Menschen nicht Lohn genug?

Ich bin nicht einfach nur beschäftigt, sondern manchmal richtig gefordert, denn es gibt immer wieder »Fälle«, für die es sich lohnt, sich zu engagieren, sich einzusetzen mit aller Kraft. Der tägliche Umgang mit Menschen jeden Alters – auch junge Menschen kommen und suchen Rat – hält mich jung und munter, regt meinen Geist täglich aufs neue an.

Trotzdem bleibt mir genug Zeit zum Verweilen, zur Entspannung, zur Muße, zur Pflege meines Hobbys und zum ausgedehnten Spaziergang mit meiner Frau. »Ach, da bist du ja! Weißt du, Anita, ich habe in Gedanken soeben noch einmal meine ›Rentnerkurve‹ genommen. Wie gut es uns doch jetzt wieder geht! Wir wollen das Alter noch recht lange genießen – nicht wahr?«

Ein Rentner muß noch lange nicht zum »alten Eisen« gehören. Es kommt nur darauf an, daß er mit seinem Leben auch im Alter noch etwas anzufangen weiß – wie Wilhelm. Er macht seinen früheren Beruf nun zu seinem Hobby, arbeitet zwar weiter wie bisher, doch ohne Streß und ist niemandem mehr untergeordnet.

Viele Pensionäre, die den Ruhestand herbeigesehnt haben, erleben diesen Tag als Befreiung. Es fällt ihnen leicht, auch ohne den Beruf zu leben, der ja den meisten viel abverlangt hat. Der Feierabend war meist kurz, zu kurz. Erschöpft kamen sie von der Arbeit, verbrachten noch ein Stündchen vor dem Fernseher und fielen dann todmüde ins Bett. Viele Menschen träumten während des Berufslebens von anderen Lebensinhalten, denen sie sich im Alter dann widmen wollen.

Manche stellen sich leicht und schnell um. Auch wenn die Arbeit Spaß gemacht hat, können sie zu Recht sagen: »Ich habe lange genug gearbeitet. Jetzt möchte ich meinen wohlverdienten Ruhestand genießen.«

Anders geht es denen, die ganz und gar für ihren Beruf gelebt haben, in ihm aufgegangen sind. Schwer fällt die Umstellung einem jeden, der Kontaktschwierigkeiten und depressive Neigungen hat. Wer eine übergeordnete Stellung innehatte, fühlt sich oft um so mehr zurückgesetzt. Bei einem Besuch in der früheren Firma muß er sich eingestehen: Es geht auch ohne mich weiter. Die brauchen mich ja gar nicht mehr! Frühere Arbeitskollegen, die unter ihm gearbeitet haben, respektieren ihn nicht mehr wie einst, ja, sie sind so beschäftigt, daß sie gar keine Zeit mehr für ihn haben. Er merkt: Eigentlich störe ich hier nur noch.

Das alles löst bei vielen Menschen einen Schock aus.

Jetzt, in dieser Phase, ist es wichtig zu lernen, daß es auch noch andere Werte gibt. Dann wird es auch möglich sein, die Pensionierung gelassen hinzunehmen, wenn nicht gar freudig.

Wir sollten den Ruhestand bewußt als einen neuen Lebensabschnitt ansehen. Es ist auffallend, wie viele Senioren heutzutage das Leben bejahen, kontakt- und lernfähig bleiben und ihrem Alter Sinn abgewinnen können. Viele sind infolge ihres persönlichen Schicksals, nur allzu viele infolge ihrer Kriegserfahrungen, reifer geworden. Viele verloren Unersetzliches. Man begreift, daß sie jetzt den Rest ihres Lebens genießen möchten.

Da meint ein Rentner: »Ich bin noch sehr rüstig und helfe meiner Frau gern im Haushalt, damit wir mehr vom Tag haben. Wir machen am Nachmittag noch einen Spaziergang oder treffen uns mit anderen Leuten und unternehmen gemeinsam etwas.« Ein anderer sagt: »Jetzt mache ich mit meiner Frau erst einmal Urlaub.« Doch auch Ferien gehen vorüber, und Fotos oder Filme halten nicht ewig vor.

Wie heute jedermann weiß, werden die Menschen dank der medizinischen Fortschritte im Durchschnitt viel älter als unsere Vorfahren. Achtzigjährige sind heutzutage keine Seltenheit mehr. Nun kann aber ein Rentner nicht fünfzehn Jahre lang nur Däumchen drehen oder die Zeit mit Reisen oder ähnlichen Ablenkungen verbringen. Er muß lernen, daß Älterwerden eine Chance ist, die genutzt werden sollte.

Aber natürlich machen sich auch Alterserscheinungen bemerkbar. Wir stehen eines Tages auf und stellen beim Kämmen fest, daß das Haar lichter geworden ist. Auch das Gehör hat nachgelassen; wir kommen nicht mehr so schnell die Treppe hinunter, wenn jemand läutet, oder wir sind eher aus der Puste als früher. Wir können, wir müssen etwas tun. Zum Beispiel können wir morgens das Radio anschalten und die Morgengymnastik mitmachen; es müssen ja nicht unbedingt gleich fünfzig Kniebeugen sein. Bewegungstraining und vernünftige Ernährung tragen viel dazu bei, daß ältere Menschen fit bleiben.

In den reichhaltig angebotenen Seniorenprogrammen ist sicher für jeden etwas Passendes dabei, damit man im Alter nicht »versauert«. Ob er sich nun vornehmlich geistig oder körperlich betätigt oder beides tut, bleibt ganz jedem einzelnen überlassen. Viele Pensionäre sind ehrenamtlich tätig oder als »Omas und Opas auf Zeit«, so daß junge Eltern mehr Zeit für sich selbst haben. Sinnvoll ist es auch, mit Altersgenossen Umgang zu pflegen, die einsam und pflegebedürftig sind. Diese wenigen Hinweise auf eine sinnvolle Aktivität im Ruhestand mögen genügen. Der Phantasie sind diesbezüglich keine Grenzen gesetzt.

Entscheidend ist, daß im Alter gegen die Passivität angekämpft wird und vor allem gegen den Eindruck, man könne seine Fähigkeiten im fortgeschrittenen Alter nicht mehr ausbauen und vertiefen. Die Menschen kommen im Alter sehr oft sogar verstärkt auf Aktivitäten zurück, die Teil ihrer Jugend waren und dann mangels Zeit oder Geld nicht weitergetrieben wurden.

Es ist allerdings noch etwas hinzuzufügen: Initiativen und Interessen fallen nicht vom Rentnerhimmel, wenn man das ganze Leben vorher nur so vor sich hingelebt hat. Wir müssen uns daher rechtzeitig auf die Pensionierung vorbereiten. Wenn wir das tun, kommen wir im Alter ganz gut allein zurecht.

Viele ältere Menschen brauchen Hilfe, manchmal nur in scheinbaren Nebensächlichkeiten, die aber für diese Menschen belastend genug sein können. Da sie oft isoliert leben oder auch voller Mißtrauen gegen ihre Umwelt sind, wenden sie sich an eine mehr oder weniger anonyme Instanz. Das muß nicht sein, wenn wir uns nicht nur um uns, sondern auch um andere Pensionäre kümmern. Das ist eine lohnende Aufgabe, die auch Freude macht, und damit können wir, wie gesagt, nicht früh genug anfangen.

Erwartung statt Erinnerung

»Wir müßten eigentlich heute Tante Frieda besuchen. Wer kommt mit?«

»Ich habe keine Lust, mir das Gejammer der alten Dame anzuhören.«

»Ich auch nicht, die Tante lebt ja im vorigen Jahrhundert.«

»Dann werde ich wohl oder übel allein fahren. Man kann doch einen einsamen, verbitterten Menschen nicht einfach fallenlassen!«

Inge besorgt Kuchen und Kaffee, Blumen hat sie aus dem Garten geholt. So steht sie nun am Nachmittag bei Tante Frieda vor der Tür. Der ersten Freude folgen bald die Leidensmiene und der erwartungsvolle Blick. Nun soll ich sie fragen, wie es ihr geht, damit sie mir die ganze Litanei ihrer Krankheiten, der Unpäßlichkeiten und Unannehmlichkeiten ihres ach so trübseligen Daseins erzählen kann. Diesen Gefallen werde ich ihr heute nicht tun. Im Gegenteil, ich werde erzählen zum Beispiel von meiner vielen Arbeit, vom Ärger mit dem Finanzamt und dem Klempner, denn wir leben ja nicht im Sonnenschein der Vergangenheit, sondern jetzt und hier. Weil aber die Sonnenseite nicht zu kurz kommen darf, erzähle ich ihr auch von den Kindern, von unserem letzten Wochenendausflug, und so ganz nebenbei werde ich einfließen lassen, daß ich sie zu einer Ausflugsfahrt an die Mosel angemeldet habe, die vom Frauenkreis geplant wird und in der nächsten Woche durchgeführt werden soll.

Gespannt beobachtet Inge das Gesicht ihres Gegenübers. Aber Tantchen reagiert nicht. Sie ist so in die Vergangenheit und ihr Selbstmitleid versunken, daß sie gar nicht begriffen hat, worum es geht. Also noch einmal: »Tante Frieda, hast du mir nicht zugehört? Ich habe dich für nächste Woche zu einer Ausflugsfahrt an die Mosel angemeldet. Freust du dich denn nicht ein bißchen?«

»Ich habe keine Lust.« Die hängenden Schultern und die verkniffenen Mundwinkel betonen ihre Lustlosigkeit. »Was soll ich denn dort? Ja früher, da bin ich gern mit deinem Onkel verreist. Was haben wir nicht alles unternommen und erlebt! Stundenlang könnte ich dir davon erzählen. Soll ich das Bilderalbum holen?«

»Nun laß für heute die alten Erinnerungen im Schrank. Denk' doch einmal auch an die Zukunft.«

»Ich weiß nicht, ob es für mich noch eine Zukunft gibt. Ich bin zu alt. Nein nein, laß mich ruhig hier mit meinen Erinnerungen an vergangene bessere Zeiten allein sein und bleiben!«

»So geht das nicht weiter mit dir. Du ziehst dich in ein Schneckenhaus zurück und bläst Tag für Tag Trübsal. Dabei könntest du dir doch einiges leisten. Du wirst gerade dreiundsechzig Jahre alt, das ist doch kein Greisenalter, zumal du gesundheitlich noch auf der Höhe bist.« Mit diesen Worten wischt Inge den zu erwartenden Einwand der Tante mit eine Handbewegung vom Tisch und fährt auch gleich fort: »Du hast niemanden zu versorgen, brauchst keine Rücksichten zu nehmen; du hast genügend Zeit, und Geld hast du auch. Kannst du mir einen stichhaltigen Grund nennen, warum du hier herumsitzt und versauerst? Ich will dir jetzt einmal was sagen: Ich bin zwar fast dreißig Jahre jünger, aber manchmal beneide ich dich, und ich freue mich heute schon auf den Tag, an dem auch ich einmal – ohne schlechtes Gewissen – an mich denken kann.«

Erstaunen malt sich auf den Zügen der alten Dame ab: »Du beneidest mich? Hätte ich nicht eher Grund, dich zu beneiden um dein erfülltes Leben. Du wirst geliebt und gebraucht. Und wer fragt nach mir?«

»Wir könnten deine Hilfe schon brauchen, aber wer traut sich denn, dich um etwas zu bitten, wo du doch stets betonst, wie leidend du bist?«

»Das habe ich nun wirklich nicht erwartet. Eigentlich erwarte ich überhaupt nichts mehr vom Leben. Seit Franz tot ist, lebe ich nur in der Vergangenheit.«

»Das ist es ja gerade, was dich so sauertöpfisch macht. Die Menschen lassen sich nicht gern in die Vergangenheit führen, und so machen sie mehr und mehr einen großen Bogen um dich. Die früheren Zeiten waren sicher sehr schön für dich, aber auch die Gegenwart ist lebenswert, und die Zukunft kann dir noch viel bieten. Also, fährst du nun mit?«

»Das kommt zwar etwas plötzlich, aber ich werde mich aufraffen. Und wenn ich wieder zurück bin, löse ich dich ab. Dann fährst du mit deinem Mann ein paar

Tage irgendwohin, und ich versorge die Kinder, abgemacht?«

»Tante Frieda, so gefällst du mir schon viel besser!«

Sehr viele Menschen zweifeln heute, ob das Leben, das sie führen, noch einen Sinn hat. Sie wissen oft nicht mehr, warum und wofür sie etwas tun.

Nach dem Tod des geliebten Partners fällt diese alte Dame in Depressionen. Sie kann sich aus der Erinnerung der Gemeinsamkeit mit ihm nicht befreien. Gedanken aus einer Zeit umkreisen sie, in der ihre Welt noch in Ordnung war, wie man so schön sagt. Die gemeinsamen Stunden kommen ihr immer wieder in Erinnerung. Und es fällt ihr unendlich schwer, sich ihnen zu entreißen.

Doch gerade nach einem solchen Verlust, mag er auch noch so schmerzlich und die Trauer noch so groß sein, dürfen Sie nicht resignieren. Stellen Sie sich die Frage: Was kann ich noch vom Leben erwarten? Es hält für jeden in jedem Alter etwas bereit. Machen Sie sich klar: Ich muß weiterleben – wie, das liegt allein bei mir selbst. Überlegen Sie, wie körperlich und geistig fit Sie noch sind. Fragen Sie sich: Welche Interessen habe ich? Könnte ich meine Fähigkeiten noch ausbauen? Ich lebe jetzt allein, darum suche ich mir eine Beschäftigung, die mich ausfüllt. Fangen Sie in der Verwandtschaft, im Bekanntenkreis oder in Ihrer Nähe an zu suchen, für wen Sie von Nutzen sein könnten.

Entschließen Sie sich, von dem, was gestern gewesen ist, Abschied zu nehmen oder wenigstens Abstand zu gewinnen. Versuchen Sie, im Augenblick zu leben, die Chance zu ergreifen, die er Ihnen bietet. Wenn wir das Leben lieben, dürfen wir keine Zeit verschwenden, denn wir leben nur einmal. Davon hängen letzten Endes Sinnerfüllung und Lebenserwartung ab. Ich muß mich dazu entscheiden, Verlorenes aufzugeben, und darf mich nicht daran klammern. Verluste, auch wenn sie noch so schmerzlich sind, müssen akzeptiert werden. Ich freue mich darüber, was mir noch verblieben ist.

Was fühlen die Behinderten, von denen viele nicht einmal in der Lage sind, sich alleine fortzubewegen? Haben wir solchen Menschen nicht eine ganze Menge voraus? Müssen wir nicht dankbar sein, daß wir körperlich und geistig gesund sind? Ist es nicht so, daß wir oft zuviel vom Leben erwarten?

Viele von uns fühlen sich zu hilflos und zu schwach, um ihr Leben selbst in die Hand zu nehmen, besonders dann, wenn wir immer einen Menschen zur Seite hatten, der für uns alle Entscheidungen traf und uns die Verantwortung abnahm.

Eine gute Bekannte, Inge B., frisch geschieden, sitzt mir gegenüber. Sie fühlt sich total überfordert, weil sie ihr Leben jetzt selbst in die Hand nehmen muß. Alle Entscheidungen hatte ihr Mann ihr abgenommen. Sie gerät in Panik. Sie sucht auch jetzt wieder einen Menschen, der ihr alles abnimmt. Ihre Freundin hat diese Rolle zu spielen strikt abgelehnt. Nun richten sich ihre Erwartungen auf mich. Auch ich werde diese Rolle nicht übernehmen, aber hoffentlich gelingt es mir, ihr als Psychologe ein Angebot zu machen, das ihr hilft, sich selbst zu finden und das Gute wahrzunehmen und sich nicht mehr unterlegen zu fühlen. Das ist doch das Wichtigste in unserem Leben.

Jedes Kind erwartet ein langes, immer fröhliches Leben. Die Erwartung eines älteren Menschen vermindert sich auf eine Reststrecke seines Lebens. Keiner von uns weiß jedoch, wie alt er wird. Vielleicht sollten wir uns daher mehr an einen Ausspruch MARTIN LUTHERS halten, der da lautet: »Und wenn ich wüßte, daß morgen die Welt untergeht, würde ich heute noch ein Apfelbäumchen pflanzen.« Wir wissen aber nicht sicher, ob morgen die Welt untergeht. Haben wir da nicht allen Grund, heute noch irgend etwas Neues anzufangen? Dazu ist es nie zu spät. Je intensiver wir hoffen, noch vieles tun zu können in unserem Leben, um so mehr tragen wir zu der Verlängerung unseres physischen und geistigen Lebens bei.

Damit soll die Erinnerung jedoch nicht abgewertet werden. Sie hat hohe Gefühlswerte, und es ist auch sicher schön, sich an die angenehmen Stunden des Lebens zu erinnern.

Im Grunde hat jedes Alter seine eigene Jugend und sein eigenes Alter. Ein Kind, das sich freut, jugendlich und erwachsen zu werden, kann sich älter fühlen als ein älterer Mensch, der von den kommenden Jahren noch vieles, ja vielleicht das Wichtigste erwartet. Unser Leben ist immer auf die Zukunft ausgerichtet. Mag die Zahl der kommenden Jahre eines älteren Menschen geringer sein: über die Qualität dieser Jahre, welche Erfüllung sie noch bereithalten, ist damit noch nichts gesagt.

Viele Menschen der vom Schicksal nicht gerade verwöhnten Generation, die einen und zum Teil zwei Kriege überstanden hat, erfahren die schönen Seiten des Lebens erst jetzt im Alter. Denken wir beispielsweise an die Trümmerfrauen, die es schwer genug hatten, ihre Kinder allein großzuziehen, weil der Mann gefallen oder verschollen war und nie mehr heimgekommen ist.

Berta S., eine fünfundsechzigjährige Frau, seit drei Jahren Witwe, ließ sich von einer Bekannten dazu überreden, zum Altenkreis der Kirchengemeinde mitzugehen. Als sie vor der Tür stehen und die Stimmen von drinnen hören, möchte sie am liebsten wieder umkehren. »Das ist nichts für mich. Ich kenne doch niemanden, laß mich wieder heimgehen!«

Doch die Freundin faßt sie am Arm und duldet keinen Widerspruch: »Du kannst dich nicht länger hinter dem Ofen verkriechen. Du mußt endlich wieder unter die Leute kommen.«

Nur zögernd geht sie in die Halle des Gemeindehauses, läßt sich wie mechanisch den Mantel abnehmen und geht unsicher hinter der resoluten Freundin her. Sie wird freudig begrüßt, und jeder heißt sie herzlich willkommen. Sofort springt der Funke über, der sie mitreißt in fröhliche Plauderei. Alsbald hat sie das Gefühl, hier lauter alte Bekannte zu treffen, so schnell kommt sie den anderen näher.

Auf dem Nachhauseweg dankt sie ihrer Freundin. Auch will sie gerne nächste Woche wieder mitgehen. »Was habe ich nur versäumt die letzten Jahre! Ich kann wieder lachen und fröhlich sein, und ich glaube, daß das Leben doch noch eine Menge für uns bereithält, wenn wir es nur annehmen wollen.«

Aufgaben braucht der Mensch

Dorothea schlendert die Einkaufsstraße entlang, bleibt hier und dort vor einem Schaufenster stehen, verweilt lange vor einem Spielwarenladen. Sie hält nach einem

Geburtstagsgeschenk für die Enkelin Ausschau. Ein zufriedenes Lächeln umspielt ihren Mund, sie träumt. Als sie plötzlich angesprochen wird, zuckt sie zusammen: »Ist das eine Überraschung! Dorothea, wie geht es dir? Wo hast du all die Jahre über gesteckt?«

»Das kann doch nicht wahr sein – Kathrin! Ich freue mich riesig, dich wiederzusehen. Komm, laß uns dort drüben einen Kaffee zusammen trinken und Erinnerungen austauschen.« Mit diesen Worten hakt sie sich bei der ehemaligen Schulfreundin unter und zieht sie mit sanfter Gewalt in Richtung Stadtcafé.

Kathrin scheint das nicht ganz recht zu sein. Sie braucht Zeit, sich zu fangen. Geziert legt sie ihren Pelz ab, während Dorothea den eleganten Wollmantel einfach an den nächsten Garderobenhaken hängt. Sie ist randvoll mit Freude, so daß sie sich um solche Nebensächlichkeiten wie Garderobe gar nicht kümmert. Sie suchen sich am Tresen Kuchen aus. Dabei kann Dorothea sich des Eindrucks nicht erwehren, daß Kathrin durch Zögern und Suchen und ihr ganzes Mienenspiel bewußt die Aufmerksamkeit der Menschen auf sich ziehen will.

»Nun, erzähl schon, Kathrin! Ich bin, ehrlich gesagt, schrecklich neugierig, wie dein Leben verlaufen ist.«

Die Freundin läßt sich Zeit, nimmt mit gespreizten Fingern die Kaffeetasse an den Mund und nippt an ihr: »Der Kaffee war hier auch schon besser. Nun ja – von mir gibt es nicht viel zu erzählen. Ich habe geheiratet. Meine beiden Kinder sind erwachsen und gehen eigene Wege. Mein Mann hat viel zu tun. Er ist die meiste Zeit im Geschäft, und ich habe Zeit und Muße, das Leben zu genießen.« Sie legt demonstrativ die reichlich beringten Hände auf den Tisch, zupft jedoch gleich wieder voll Unruhe an der Seidenbluse. Ihr Lachen klingt eine Spur zu laut. Ihr abschätzender Blick streift durch den Raum und bleibt dann kühl auf Dorothea hängen, die sichtlich verstimmt ist.

»Man sieht, daß du finanziell gut situiert bist. Du siehst fabelhaft aus, elegant, gepflegt, ganz die feine Dame der Gesellschaft. Ich komme mir beinahe hausbacken vor. Aber du weißt sicher noch, daß ich auf Äußerlichkeiten noch nie großen Wert gelegt habe. Trotzdem oder gerade deshalb bin ich glücklich und zufrieden. Mein Mann ließ mich auf dieser Erde gut versorgt zurück, aber mir sind meine drei Kinder geblieben. Und in meine Enkel bin ich richtig vernarrt. Ich komme gerade von ihnen. Ich bin jeden Tag bei den Kleinen, meine Schwiegertochter möchte ihren Beruf nicht ganz aufgeben. Du glaubst gar nicht, wieviel Spaß es mir bereitet, die Kleinen zu umsorgen.«

Dorothea ist richtig in Fahrt gekommen und bemerkt erst jetzt den spöttischen Gesichtsausdruck ihres Gegenübers: »Du bist schön dumm, dich so ausnutzen zu lassen. Also ich für meinen Teil verfüge lieber frei und ohne jegliche Verpflichtung über meine Zeit und mein Geld. Aber jeder muß ja nach seiner Façon selig werden.« Sie blickt auf die mit Edelsteinen besetzte Armbanduhr, erhebt sich und meint: »Es hat mich sehr gefreut, dich zu sehen, aber nun muß ich gehen. Wir gehen heute abend in die Oper.«

Sie verabschieden sich voneinander und gehen in verschiedene Richtungen davon – so verschieden sind die wie ihre Lebenseinstellungen. Dorothea sieht ihr einen Moment lang nach und denkt: Komisch, erst glaubte ich, sie würde sich freuen, aber das war wohl ein Irrtum. Affektiertes Frauenzimmer! In deiner kühlen, überheblichen, arroganten Gegenwart wird man ja zum Eisklotz. Eigentlich hätte mich der schrille Tonfall ihrer Stimme gleich schon warnen müssen, aber ich habe mich wirklich gefreut und anfangs nichts bemerkt von ihrer aufgesetzten Art.

Auf dem Weg durch den Stadtpark nach Hause schlagen Dorotheas Gedanken weiterhin Purzelbäume: Sie war doch früher nicht so kaltschnäuzig. Ich glaube, sie ist sehr einsam und unzufrieden mit sich und der Welt. Vermutlich hat sie zuviel Zeit, um einmal auch über sich selbst nachzudenken. Sie kann mir richtig leid tun.

Dorothea ist inzwischen in ihrer kleinen, gemütlichen Wohnung angekommen. Sie öffnet weit die Fenster, um die frische Abendluft hereinzulassen, die schwer ist vom Blütenduft des nahen Parks. Die Begegnung mit ihrer ehemaligen Schulfreundin geht ihr nicht so schnell aus dem Kopf: Wie verschieden wir doch sind! Ich möchte auf meine alten Tage noch immer die Welt umarmen und finde täglich Grund zur Freude. Die arme Kathrin geht zwar reich geschmückt wie ein bunter Pfau einher, strahlt aber bloß Kälte und Unzufriedenheit aus.

Ich und mich ausnutzen lassen – das stimmt ja nun wirklich nicht. Im Gegenteil, ich bin froh, daß ich gebraucht werde und eine Aufgabe habe, die mich ganz und gar ausfüllt. Genau das ist es, was Kathrin fehlt: eine wirkliche Aufgabe! Sie läuft durch den Tag, ohne zu wissen warum. Ich könnte so nicht leben. Wenn ich die Kinder nicht zu versorgen hätte, würde ich mir eine andere Aufgabe suchen, sonst käme ich mir überflüssig vor und würde auch unzufrieden und nörgelig.

Dorothea steht inzwischen im Bad, sie hat die Hände

gewaschen und bürstet nun ihr Haar. Wie es aussieht, bekommt mir mein aufgabenreiches Leben gut. Diese kleinen Falten hier um den Mund herum stehen mir gut. Es sind ja auch Lachfalten. Meine Augen glänzen noch, wenn ich mich freue. Meine Haare werden zwar allmählich grau, aber auch das stört mich nicht. Ich mag mich so leiden, wie ich bin. Ach du liebe Zeit, ich wollte doch ein Geburtstagsgeschenk kaufen! Das habe ich in der Aufregung ganz vergessen. Doch morgen ist auch noch ein Tag. Mir bleibt ja noch etwas Zeit.

Jens läuft aufgeregt in das Schlafzimmer seiner Großeltern: »Opa, es ist schon sieben Uhr. Du wolltest doch heute mit mir angeln gehen, steh auf!«

Und damit ist für den Großvater die Ruhe vorbei. Beim Frühstück ist der Junge kaum noch zu bremsen. Er hat bereits alle Sachen für die gemeinsame Angeltour zusammengesucht, und dann fahren beide auch endlich los. Die Großmutter winkt ihnen lächelnd nach. Wenn der kleine Wirbelwind das Wochenende bei den Großeltern verbringt, geht es immer recht turbulent zu. Doch das hält sie fit, und beide fühlen sich doch noch lange nicht wie siebzig.

Wir brauchen unser Leben lang Aufgaben und Ziele, die wir anstreben und erfüllen müssen. Solange wir gefordert werden, haben wir das Gefühl, für jemanden da zu sein, für den wir sorgen können und für den wir wichtig sind.

Was fühlt eine Mutter, die für ihre Familie den Haushalt versorgt und den Kindern bei den Schulaufgaben behilflich ist? Wie fühlt sich ein Vater, der tagtäglich seiner Arbeit nachgeht, um seine Familie finanziell sicherzustellen? Wenn er müde von der Arbeit nach Hause kommt und es ist noch ein Fahrradreifen zu flicken oder ein Spielzeug zu reparieren, fühlt er sich dann nicht überfordert? Auf den ersten Blick gesehen sicher. Doch wenn er ehrlich ist, wird er sagen, er möchte doch gar nicht anders leben!

Eine Familie, die gerade ihr selbst gebautes Haus bezogen hat, ist glücklich und zufrieden, und alle könnten nun sagen: Jetzt haben wir es geschafft. Aber niemand wird sich jetzt zur Ruhe setzen. Eine Mutter, die wegen ihrer Kinder ihren Beruf aufgegeben hat, aber nun, da diese erwachsen und aus dem Hause sind, viel freie Zeit hat, müßte doch eigentlich zufrieden sein und sich einige gemütliche Stunden am Tage gönnen. Doch das kann und will sie doch gar nicht!

Ein Leben des Müßiggangs füllt uns nicht aus, gerade dann nicht, wenn wir den Beruf und Arbeit gewohnt waren. Wenn das letzte Kind erwachsen ist, stehen viele Mütter erst in der Mitte ihres Lebens. Eine Mutter klagte mir kürzlich: »Mein Mann kommt erst abends von der Arbeit heim. Der seit dem Weggang der Kinder kleine Zweipersonenhaushalt ist schnell erledigt. Ich kann nicht den ganzen Tag mit Einkaufen und Spazierengehen verbringen.« In den früheren Beruf wieder hineinzukommen, ist für solche Frauen meist schwierig. Daher drängen sich andere Lösungen auf.

Sehen Sie sich um. Vielleicht finden Sie ganz in Ihrer Nähe schon eine sinnvolle Beschäftigung, die Sie ausfüllen kann. Manche junge Mutter wäre froh, wenn sie eine »Tagesmutter« für ihr Baby finden würde, damit sie weiterhin arbeiten kann. Viele Menschen in Ihrer Nähe brauchen Hilfe, die Sie Ihnen geben können. Füllen Sie

Ihre frei gewordene Zeit aus, engagieren Sie sich für etwas, das sich Ihrer Ansicht nach lohnt. Es kann ein Mensch, eine Gruppe oder irgendeine Sache sein. Vielleicht widmen Sie sich der Sozialarbeit oder politischen, geistigen oder schöpferischen Interessen.

Wir alle benötigen das Gefühl, daß wir gebraucht werden. Darum müssen wir immer Ziele und Aufgaben verfolgen, die unserem Leben einen Sinn geben. Nehmen Sie am Leben anderer Menschen teil. Liebe, Freundschaft, Mitgefühl halten Sie jung. Pflegen Sie daher den Umgang mit anderen Menschen, solange Sie dazu gesundheitlich und seelisch in der Lage sind und solange es Ihnen Freude macht.

Versuchen Sie ruhig auch einmal, sich kreativ zu betätigen. Jeder von uns kann ein schöpferischer Mensch sein. Kreativ zu sein ist nicht so schwierig; wir trauen uns in dieser Hinsicht nur zuwenig zu. Wir alle haben die Fähigkeit, aus uns selbst heraus etwas zu verwirklichen. Versuchen Sie, eine Handarbeit nach eigenem Entwurf herzustellen. Machen Sie einen Plan, wie Sie Ihren Garten neu gestalten können. Sie werden erstaunt sein, wieviel Spaß es Ihnen machen wird.

Aktiv zu sein, heißt nicht, daß wir uns zu übersetzten Zielen anstacheln und unerträglichen Zwängen aussetzen sollen. Was wir tun, soll unsere Lebensfreude steigern. Wir wenden uns Aktivitäten zu, denen wir körperlich, seelisch und geistig etwas abgewinnen können, die uns zwar fordern, aber auch Freude bereiten. Wenn wir das tun, dann spüren wir, wieviel noch in uns steckt. Wir erleben den Augenblick und werden der Fülle unserer Möglichkeiten gewahr. Das garantiert uns Gesundheit und Glück zugleich.

Der Eintritt in den Ruhestand stellt für jeden Menschen eine Wende dar. Wir haben eine Lebensphase abgeschlossen. Bisher hatten wir unseren Beruf. In der Lebensphase des dritten Drittels lassen wir unsere Berufstätigkeit hinter uns zurück. Jetzt wenden wir uns Aufgaben oder Hobbys zu, die wir vernachlässigt haben, weil vor allem die Zeit fehlte.

Die Umstellung mag anfänglich etwas schwierig sein. Sie erfordert, daß wir dazulernen. Welche Folgen hat der Eintritt in den Ruhestand? Was verändert sich? Was ist zu tun? Wichtig ist, daß wir uns zu diesen Fragen bereits vor der Pensionierung Gedanken machen und nicht erst, wenn wir bereits mit dem Problem konfrontiert sind.

Kürzlich lernte ich einen Mann von fünfundsechzig Jahren kennen, der, wie er mir sagte, einen Fortbildungskurs an der Volkshochschule absolvierte, um sein Wissen zu erweitern. Ich kenne einen anderen, einen Vierzigjährigen, der erst kürzlich sein Chemiestudium aufnahm. Es gibt tatsächlich kein Alter, in dem wir nicht noch etwas dazulernen können.

Keiner von uns kann übrigens behaupten, in seinem Leben alles getan zu haben, was ihm möglich gewesen wäre. Es lohnt sich in jedem Alter, noch einmal neu anzufangen.

Ganz bestimmt aber lohnt sich für jeden Rentner der neue Sprung auf die eigenen Füße. Er hat zahllose Möglichkeiten. Etwas wird sich für jeden finden. Es muß nicht das sein, was gerade »in« ist. Maßgebend ist, daß es eine Aufgabe ist, die Freude macht und einen Menschen ausfüllt, so daß er täglich sagen kann: Ich lebe, und das Leben ist schön!

Wer geistig fit ist, bleibt länger gesund

»Großvater, darf ich dich stören? Ich habe eine Frage, die wohl du mir am besten beantworten kannst.«

»Gleich, mein Junge, ich muß mir nur erst eine Notiz machen.«

Die kleine Notiz dauert dann aber doch ein paar Minuten, die der zweiundzwanzigjährige Enkel nutzt, um den Opa in seiner konzentrierten Arbeit zu beobachten: Der alte Herr ist bewundernswert. Er läßt sich überhaupt nicht aus der Ruhe bringen oder ablenken. Mit seinen dreiundsiebzig Jahren ist er noch in der Lage, intensiv zu denken und zu arbeiten, geistig zu arbeiten. Wie er das wohl schafft?

Endlich lehnt sich Friedrich zurück, greift nach einer Zigarre und sieht den Enkel erwartungsvoll fragend an. Der hat die eben noch als so wichtig erachtete Frage zurückgedrängt und gibt nun seiner Bewunderung Ausdruck: »Du strahlst eine Ruhe aus, wenn du so dasitzt, in deine Bücher vertieft. Alle Achtung, an deiner Konzentration könnte sich mancher junge Mensch ein Beispiel nehmen – ich zum Beispiel.«

»Danke für das Kompliment, Stefan. Aber ich will dir auch gerne gestehen, daß das nicht immer so war. Im Gegenteil, es war ein langer Weg. Fast immer ist übrigens der Weg lang und beschwerlich, der zum Erfolg führt. Komm, Stefan, setz dich zu mir, dann will ich davon erzählen. Vielleicht kannst du aus meinen Erkenntnissen etwas lernen und dir eigene bittere Erfahrungen ersparen.«

Friedrich steht auf und holt aus einem Fach in seiner umfangreichen Bücherwand eine Flasche Wein und zwei

Gläser. Damit machen es sich die beiden gemütlich. Jeder von ihnen freut sich auf die traute Zweisamkeit, und Friedrich erzählt: »Du weißt ja, ich hatte schon immer eine Vorliebe für klassische Musik, aber solange ich das Geschäft führte, fehlte mir einfach die Zeit, um in Ruhe meine Schallplattensammlung zu genießen. Das tat mir oftmals sehr leid, und ich tröstete mich dann immer mit dem Gedanken, daß ich mich ihrer dereinst im Ruhestand um so mehr erfreuen könne.«

Der alte Herr lächelte. »Aber als dein Vater dann soweit war, die Leitung des Geschäftes zu übernehmen, sträubte ich mich mit Händen und Füßen. Ich wollte einfach nicht begreifen, daß es an der Zeit war, mich zur Ruhe zu setzen. So kam es immer wieder zu heftigen Auseinandersetzungen zwischen uns. Wir hatten grundverschiedene Auffassungen: Ich wollte mit meinen erprobten, aber veralteten Methoden fortfahren, während dein Vater mit ganz neuen Ideen aufwartete. Ich wurde zu einem rechthaberischen Patriarchen, der selbstherrlich Kommandos verteilte und nicht zuletzt deswegen abgeschoben wurde, weil sich in meiner Nähe niemand mehr wohl fühlte.

Kein Wunder, daß ich schließlich krank wurde; ich hatte Herzbeschwerden, und mein Magen verweigerte jegliche Nahrung. Ich ließ mich gehen. Mit knapp achtundfünfzig Jahren bekam ich dann den Herzinfarkt und mußte mich notgedrungen zurückziehen. Für meine Gesundheit wurde alles mögliche getan, das weißt du ja größtenteils. Doch trotz aller ärztlichen Bemühungen wurde ich nicht richtig gesund, weil mein Geist krank war, müde. Mir fehlte der innere Antrieb. Wozu sollte ich noch leben? Das Geld verdiente nun mein Sohn, ich wurde nicht mehr gebraucht, war von einem Tag zum anderen überflüssig auf dieser Erde. Dieser inneren Einstellung entsprechend lungerte ich träge und unbeteiligt herum und wußte mit meiner Zeit nichts anzufangen. Ich glaube, in den bewußten Jahren war ich eine richtige Plage für meine Umgebung, stets nörgelnd, jammernd, gallenbitter, an Leib und Seele krank.«

»Das kann doch nicht wahr sein!« entfährt es Stefan.

»O doch! Und wenn ich nicht durch Zufall auf meine alte Leidenschaft – ich hatte in meiner Verbitterung sogar die Musik vergessen – gestoßen wäre, dann wäre ich sicher an meiner Engstirnigkeit zugrunde gegangen. Seitdem ich mich nun intensiv mit Mozart und Haydn beschäftige, deren Lebensweg und Schaffensepochen ich studiere, bin ich auch wieder für das Weltgeschehen offen und zugänglich für meine Mitmenschen. Ich weiß, daß ich nicht mehr zu den Jüngsten gehöre, aber ich halte mich bewußt geistig und körperlich fit. Also, wie wäre es mit einem kleinen Tennismatch, mein Junge?«

»Gehen wir, Opa!«

Unterwegs setzen sie das Gespräch fort: »Ja, Stefan, so ist das Leben! Wenn man nicht selbst einsichtig ist und seine Grenzen erkennt, dann zwingt einen die Natur in die Knie. Man muß lernen, mit seinen Kräften und seiner Gesundheit maßvoll umzugehen, vor allem aber darf man seinen Geist, seinen gesunden Menschenverstand nicht einrosten lassen. Ich bin heute der festen Überzeugung: Wer geistig rege bleibt, bleibt auch eher körperlich gesund und hat eine bessere Aussicht auf einen ausgiebigen Lebensabend. Und was schön ist: Ich fühle mich nun nicht mehr abgeschoben und habe auch keine Angst mehr, daß bald alles zu Ende sein könnte. Im Gegenteil, ich habe ja noch so viele Pläne, für die ich noch viel Zeit brauche.«

Wir alle möchten ein hohes Lebensalter erreichen, aber dabei möglichst jung bleiben. In vielen Fällen schieben die Jüngeren die Älteren in den »wohlverdienten« Ruhestand ab, in die Einöde der den Alten zugedachten Passivität. Der Lehnstuhl ist das passende Möbel. Dort haben die Alten dann gefälligst zu verweilen. Es gibt ja tatsächlich eine Seniorensendung des Fernsehens, die »Schaukelstuhl« heißt.

Der ältere Mensch ist zwar körperlich schwächer, aber wir sehen falsch, wenn wir meinen, alte Menschen seien geistig nicht mehr fit. Die Zeit zwischen dem sechzigsten und dem achtzigsten Lebensjahr belegen wir gerne mit Begriffen wie »Stoppelfeld des Lebens« oder »Wartesaal zum Friedhof«. Aber das Beispiel von THOMAS A. EDISON, der in hohem Alter noch die Glühbirne erfand, oder von GUSTAV HEINEMANN, der mit siebzig Jahren zum Bundespräsidenten der Bundesrepublik Deutschland gewählt wurde, belehren uns eines Besseren. Auch vollendete zum Beispiel GOETHE erst mit zweiundachtzig Jahren den zweiten Teil des *Faust*, PICASSO malte noch mit neunzig Jahren, und im gleichen hohen Alter dirigierte ROBERT STOLZ noch Unterhaltungskonzerte.

Manche Menschen denken schon mit vierzig Jahren an die Pensionierung und machen sich mit fünfzig Jahren daran, das Leben ausklingen zu lassen. Wie können solche Unterschiede entstehen? Die Antwort darauf ist gleichzeitig ein Ratschlag für ein glückliches und zufriedenes Alter: Die Menschen erinnern sich im Alter ihrer Aktivitäten aus der Jugendzeit. Je mehr wir in der Jugend entwickelt haben, um so mehr haben wir im Alter zu tun.

Ein Rentner, der seit einiger Zeit im Ruhestand lebt, klagt: »Zuerst habe ich mich auf meinen wohlverdienten Ruhestand gefreut, doch nun zieht sich jeder Tag in Langeweile dahin. Meiner Frau gehe ich bereits auf die Nerven, weil ich den ganzen Tag nichts mit mir anzufangen weiß. Das macht mich richtig krank.«

Das muß alles nicht sein. Überlegen Sie einmal: Was habe ich schon lange nicht mehr getan? Früher, als ich noch jung war, habe ich in unserer Handballmannschaft gespielt, heute bin ich nur noch Zuschauer. Ich kann heute nicht mehr spielen, aber es reizt mich doch zu erfahren, ob ich noch ein wenig Sport treiben kann. Ich werde mich zu einem Gymnastikkurs anmelden. Gleichzeitig könnte ich passives Mitglied in meinem früheren Handballverein werden. Ich habe neulich zufällig erfahren, daß sie dort jemanden brauchen, der ihn wieder auf die Beine stellt. Da wäre eine gute Aufgabe für mich.

Franz B., ein seit zwei Jahren pensionierter älterer Herr, erzählt, er habe in den letzten Jahren seines Berufslebens einige Kurse an der Volkshochschule belegt und sich auf diesem Wege weitergebildet. »Erst jetzt ist mir aufgefallen, wie wenig ich von vielen Dingen wußte, und es macht auch im Alter noch Spaß, dazuzulernen.«

Wenn wir vor der Pensionierung stehen, meinen wir, wir hätten genug gelernt und gearbeitet. Solange wir im Berufsleben standen, hatten wir wenig Zeit, depressiv zu werden. Doch das Berufsleben ist von einem Tag auf den anderen zu Ende. Jetzt geht es darum, die Weichen von der immer gleichen Berufstätigkeit auf beflügelnde neue Aktivität umzustellen. Fangen Sie gleich damit an! Jetzt sofort! Nicht erst, wenn der Tag der Pensionierung gekommen ist.

Nun müssen wir nicht unbedingt irgendwelche Fortbildungskurse an Volkshochschulen besuchen, um uns eine Aufgabe im Alter zu schaffen und uns geistig auf der Höhe zu halten. Es gibt auch zahlreiche andere Möglichkeiten. Suchen wir uns beispielsweise ein Ehrenamt. Es gibt zum Beispiel so viele gestrauchelte junge Menschen, die einen Bewährungshelfer brauchen, damit sie nicht wieder rückfällig werden. Bank- und Versicherungsexperten könnten sich eines Mündelkindes annehmen und dessen Geld verwalten. Ob wir nun als Laienrichter bei Gericht tätig werden oder als Mitglieder des Kirchenrates, als Prüfer bei der Handwerkskammer oder als Mitglied eines Verwaltungsausschusses, das wird ganz von unseren individuellen Neigungen abhängen. Bei manchen Senioren geht die »Hobbybeschäftigung« sogar soweit, daß von »Ruhestand« keine Rede mehr sein kann.

Heinz K., ein Rentner von achtundsechzig Jahren, meint: »Heute im Ruhestand, kann ich endlich meiner Leidenschaft, dem Orgelspielen, nachgehen. Doch ich spiele keineswegs nur sonntags in der Kirche, sondern oft werde ich auch zu privaten Feiern gebeten. Nun bin ich noch zum Vorstand unseres Seniorenclubs gewählt worden. Ich plane und bespreche mit anderen zum Beispiel eine Busfahrt, die ich organisiere. Früher hätte ich mir solche Aufgaben gar nicht zugetraut. Doch jeder Erfolg motiviert mich für die nächste Aufgabe. So halte ich mich körperlich und geistig fit und lerne noch so manches dazu.«

Die »Unmenge« Zeit, die zum Schrecken vieler mit der Pensionierung verbunden ist, sich breitmacht und die alten Menschen ständig verfolgt, diese Zeit muß nur neu eingeteilt und angelegt werden. Wir brauchen nicht weiterhin so zu leben, wie wir gelebt haben. »Macht euch«, sagt CHRISTIAN MORGENSTERN, »nur von der Anschauung frei, und tausend Möglichkeiten laden euch zu neuem Leben ein.« Jetzt haben Sie Zeit, sich Wissen anzueignen, das nicht zu Ihrem Beruf gehört. Vielleicht gefällt Ihnen ägyptische Kunst, vielleicht fasziniert Sie Bienenzucht.

Früher wurden die älteren Menschen nicht mehr als bildungsfähig betrachtet. Heute ist man erfreulicherweise anderer Ansicht. Es gibt gerade für Senioren viele Möglichkeiten, sich weiterzubilden. Alte Menschen haben, genauso wie die jüngeren, die Chance, sich zu informieren und zu bilden. Meint etwa ein Jüngerer: »Davon verstehst du nichts«, gibt es nur eine Antwort: »Dann erkläre es mir bitte!« Wir sind so weit geistig aufgeschlossen, wie wir uns aufschließen für das, was noch kommen wird. Die Chance des alternden Menschen liegt darin, daß es ihm weniger um die Quantität als um die Qualität geht. Bildung ist flexible Anpassung an täglich Neues, nicht ein abstraktes Privileg für wenige oder gar nur für Jüngere.

Ja zum Alter – ja zum Leben

Unruhig wandert Maria von einem Zimmer ins andere, von einem Fenster zum anderen. Warum? Sie weiß es selbst nicht genau. Jedenfalls ist das Buch nicht spannend genug, sie zu fesseln, und das Muster des Pullovers, den sie zur Zeit für Christoph strickt, nicht schwer genug, ihre volle Konzentration zu erfordern. Sie hat überhaupt zu gar nichts Lust. Irgendwie ist ihr inneres Gleichgewicht ins Wanken geraten. Was mach' ich nur den ganzen Nachmittag? Zur Altenbetreuung war ich gestern erst, in der Stadt habe ich auch nichts zu erledigen, ich hätte so richtig Zeit zum Faulenzen. Aber ich kann heute nicht stillsitzen, mein »Motor« läuft auf Hochtouren. Geh' ich zum Friseur? Der Blick in den Spiegel zeigt, daß das reine Verschwendung wäre. Aber raus muß ich hier, ich kann nicht länger allein sein.

Sie greift zum Telefon, wählt und wartet dann ungeduldig: »Guten Tag, Ilse. Hast du heute etwas Wichtiges vor? Ich würde dich sonst gern zu einem ausgedehnten Spaziergang entführen.«

»Eigentlich wollte ich in die Stadt, ich muß ein paar dringende Besorgungen machen. Komm' doch mit!«

»Das ist eine gute Idee. Ich brauche unbedingt einen Tapetenwechsel. Treffen wir uns in einer Stunde im Café am Marktplatz. Bis dann!«

Maria steht zweifelnd vor ihrem Kleiderschrank. Das eine Kleid ist zu warm, das nächste zu dunkel, aber das hier, das ist genau das richtige für einen Stadtbummel. Oder doch nicht? Ist das nicht zu jugendlich für eine werdende Großmutter? Sehe ich denn schon wie eine Großmutter aus? Also wirklich, ein paar Jahre hätte Bettina auch noch mit dem Nachwuchs warten können! Ich werde dieses Kleid doch anbehalten. Schließlich muß nicht jeder gleich sehen, daß ich nun zur dritten Generation gehöre. Maria schiebt die Unterlippe vor wie ein trotziges Kind und geht ins Bad, um noch Make-up aufzulegen.

Im Café begrüßen sich die beiden Freundinnen. Ilse

merkt sofort, daß mit Maria etwas nicht stimmt. »Ist dir eine Laus über die Leber gelaufen?«

»Nicht daß ich wüßte. Mir geht es nur nicht besonders, ich bin kribbelig bis in die Fußspitzen.«

»Das muß doch einen Grund haben. Nun komm' schon raus mit der Sprache. Wo liegt der Hase im Pfeffer?«

»Mach' du dich nur lustig über mich. Eigentlich habe ich gar keinen Grund für meine miese Stimmung. Mir geht es nur noch nicht in den Kopf, daß ich Großmutter werde. Dagegen sträubt sich alles in mir.«

»So ist nun einmal das Leben, oder hast du damals deine Mutter gefragt, ob es ihr recht sei, wenn du sie zur Großmutter machst. Außerdem ändert sich doch für dich nicht viel. Du bleibst doch dieselbe attraktive Frau, die noch so manchen männlichen Blick auf sich zieht. Daß wir keine Teenager mehr sind, wissen wir doch schon eine ganze Weile. Schließlich gehen mehr als zwanzig Ehejahre nicht spurlos an einer Frau vorbei. Trotzdem, meine ich, sollten wir ganz zufrieden mit unserem Dasein sein.«

»Mein Christoph ist dann mit einer Großmutter verheiratet«, jammert Maria kläglich.

»Und du mit einem Opa!« kontert Ilse schlagfertig. »Oder ist Christoph etwa nicht beteiligt? Na also! Nun bleib' mal auf dem Teppich. Bettina ist alt genug, ist verheiratet, alles ist in schönster Ordnung. Warum sollte sie kein Baby kriegen? Nur weil es dir nicht paßt? Ganz schön egoistisch, meine Liebe!«

»So habe ich das ja nicht gemeint. Ich habe nur plötzlich Angst. Angst vor dem Abstellgleis, vor dem Alter und allem, was damit verbunden ist: Krankheit, Verkalkung, Hilflosigkeit, Abhängigkeit und vieles mehr. Bis jetzt habe ich nie an so etwas gedacht.«

»Und nun meinst du, weil du Oma wirst, bist du von einem Tag zum anderen eine alte, klapprige Frau, die am Krückstock geht, mit dem Kopf wackelt und mit dem Gebiß klappert? Übertreibst du nicht maßlos? Du steigerst dich da in ein völlig absurdes Bild hinein. Anstatt dich auf diesen neuen Erdenbürger zu freuen, lehnst du ihn unbesehen ab und gibst ihm die Schuld an deinem Alter. Also ich würde mich freuen über so ein kleines Baby zum Liebhaben und Verwöhnen, zum Schmusen und Geschichtenvorlesen. Und das alles ohne Zwang, denn für alle Probleme und Sorgen sind ja die Eltern zuständig!«

»Du malst ein schönes Bild, aber so ganz will mir das alles noch nicht in den Kopf. Jetzt gehöre ich zu den Alten. Ich sehe doch, wie das ist, wenn man alt ist. Und wie schnell geht die Zeit dahin, dann sitze ich selbst dort, hilfsbedürftig oder gar pflegebedürftig. Mir graut davor.«

»Was hat das aber alles mit dem zu erwartenden Enkelkind zu tun? Mit deinen fünfundvierzig Jahren bist du doch im besten Alter. Du weißt doch: Auch der Herbst hat noch schöne Tage, und sogar im Winter scheint die Sonne, auch für dich. Von der Seite betrachtet lebst du doch gerade erst im Sommer, höchstens im Spätsommer. Also hör' auf zu jammern, sondern freu' dich lieber deiner Gesundheit und der vielen schönen Jahre, die sicher noch vor dir liegen.«

»Du hast ja recht. Christoph und ich haben noch so viele Pläne, daß wir eigentlich gar keine Zeit haben, uns über so weit entfernte Probleme Gedanken zu machen.«

Bisweilen ist die Aussicht auf das Alter furchterregend. Schon Kinder spüren die Angst ihrer Eltern vor dem Älterwerden. Unsere Kultur ist auf die Jugend ausgerichtet.

Eben noch habe ich mich in der Mitte des Lebens befunden. Jetzt, da ich weiß, daß ich Großmutter werde, fühle ich mich schon »zum alten Eisen« geworfen. Der Blick in den Spiegel wird jetzt kritischer ausfallen als sonst. Was ist das für ein fremdes Gesicht, das mich da plötzlich ansieht? Beim genaueren Hinsehen bemerke ich gleich ein paar Fältchen mehr. Ich frage mich: Was habe ich bisher vom Leben gehabt? Sicher, ich führe, wenn es auch hin und wieder eine kleine Auseinandersetzung in der Familie gibt, ein glückliches Leben. Jedes Jahr der übliche Urlaub. Doch soll das schon alles gewesen sein? Wir hatten uns doch noch so viel vorgenommen, wollten noch so viel erleben, wenn die Kinder erst einmal erwachsen und aus dem Hause sind.

Wir fragen uns, ob wir unsere Träume und Wünsche noch alle verwirklichen können: Kann ich als Großmutter noch zur Modenschau gehen, aktiv im Sportverein und weiterhin auf Partys glänzen? Diese Fragen stellen wir uns nicht, weil wir jetzt fünfundvierzig Jahre sind, sondern weil wir uns plötzlich alt fühlen. Unser Selbstbewußtsein ist ins Wanken gekommen: Gefalle ich meinem Mann noch? Wird er mich jetzt nicht als ältliche Frau ansehen?

Aber warum haben wir eigentlich Angst davor, Oma zu werden? Mit dem Begriff »Alter« verbinden wir heute häufig Abbau, Krankheit, Verfall, Verkalkung, Einsamkeit, Starrsinn, Hilfsbedürftigkeit, Sterben und viele andere wenig ermutigende Vorstellungen. Warum erwähnt niemand, was Alter außerdem noch sein kann: Freizeit,

Muße, Sorglosigkeit, Interessen, Reisen, Frieden, Glück, Freiheit.

Es ist also notwendig, von der Ansicht abzukommen, mit fünfundsechzig oder sogar schon früher sei alles zu Ende. Nirgendwo steht geschrieben, daß die Jugend immer gut, das Alter aber immer schlecht sein muß. Es kann auch umgekehrt sein.

Statt zu resignieren, sollten Sie sich lieber ein paar Fragen stellen: Was erwarte ich vom Alter? Welche Bedürfnisse habe ich noch? Was will ich noch erreichen? Was möchte ich noch kennenlernen? Muß ich vielleicht etwas für meine Gesundheit tun? Wie fit bin ich noch? Will ich meine Berufsarbeit mit der Pensionierung beenden, oder möchte ich weiterhin irgendwie tätig sein? Möchte ich etwa gar früher aufhören?

Wie alt sind Sie wirklich? So alt, wie der Kalender sagt oder wie Sie sich fühlen? Das Alter, das Sie fühlen, ist sozusagen Ihr subjektives Alter. Manche Menschen fühlen sich viel älter, als sie tatsächlich sind, andere wiederum viel jünger. Wir allein wissen, wie fit wir körperlich und geistig noch sind und sollten nach diesen Gesichtspunkten das Leben in jeder Phase gestalten und genießen. Die Bedingungen, unter denen wir leben, schaffen wir uns selbst aufgrund unserer Einstellung, aufgrund unserer Geistes- und Gefühlshaltung.

Nicht nur die Jugend ist schön und erfreulich. Jedes Alter hat seine eigene Jugend und seinen Glanz. Wenn ich nicht unbedingt wie ein Vierzehnjähriger leben will, sondern bewußt die Rolle des Fünfzig-, Sechzig- oder Siebzigjährigen bejahe, wird dieses Leben in jedem Alter glücklich sein. Ich begegne den Geschehnissen, den Menschen und mir selbst mit wachsender Aufgeschlossenheit, gehe ihnen entgegen und lasse mich nicht in Passivität, Einsamkeit und Verzweiflung drängen.

Auch wenn das Leben viel Realismus erfordert und wir uns bisweilen zu Pessimismus verführt fühlen, so schaffen wir doch nur mit gesundem Optimismus die Voraussetzung dafür, mit all unseren kleineren und größeren Schwierigkeiten fertig zu werden.

Wenn die Menschen älter werden, verfallen sie oft in Resignation. Doch wir sollten versuchen, zu einer »heiteren Resignation« zu finden. Diese Lebenseinstellung gehört gewöhnlich zu einer späteren Lebensstufe, zu Menschen, die ein erfülltes Leben hinter sich haben und daher gerne ein wenig zurückstecken, weil sie einsehen, daß jetzt nicht mehr alles so läuft wie einst. Sie sind aber flexibel geblieben in der Einschätzung ihrer Lage und geben lächelnd nach. Für ältere Menschen, egal ob Mann oder Frau, ob alleinstehend oder in der Familie, gilt, daß Älterwerden eine Chance ist, die genutzt werden sollte. Wir sind niemals zu etwas »zu alt«, ob mit vierzig Jahren oder mit fünfundsiebzig Jahren. Wir können immer dazulernen, können immer noch etwas Neues beginnen und brauchen Gewohnheiten, an denen wir hängen, deshalb nicht aufzugeben.

Positiv können wir unser Alter nur angehen, wenn wir bewußt planen, wie wir unseren Ruhestand gestalten wollen. Wenn die Kinder erwachsen und aus dem Hause sind, können wir uns unter Partnern endlich mehr Zeit widmen und zum Beispiel zusammen eine Reise machen, wir können endlich unbeschwert unserem Hobby nachgehen, einen Malkurs belegen, unsere Fähigkeiten erweitern und vieles mehr. Entscheidend ist, daß wir uns des Eindrucks erwehren, das Alter sei eine Sackgasse; es ist auch eine Erweiterung unserer Möglichkeiten! Es ist für unser späteres Leben wichtig, daß wir bereits mit vierzig Jahren beginnen, uns in kreativer Freizeitgestaltung zu üben.

Das Alter der meisten Menschen ist durchaus nicht von Schmerz und Krankheit gezeichnet. Der körperliche Abbau geht langsam vonstatten, auch wenn Krankheiten und Behinderungen häufiger werden. Aber auch darüber entscheiden weitgehend unsere Einstellung und die Tatsache, wie wir Glück und Leid verarbeiten.

Älteren Menschen können keine Vorschläge oder gar Vorschriften gemacht werden, wie sie sich im Alter verhalten sollen. Ich kann nur Aufgaben und Interessen empfehlen, die keine Langeweile und Depression aufkommen lassen. Für viele von uns ist die Pensionierung heute nicht mehr der letzte Tag des alten, sondern der erste Tag des neuen Lebens. Alter ist, wie gesagt, stets eine Frage der Einstellung. Machen wir ein Leben mit Zukunft daraus. Optimisten leben nicht nur länger, sie leben auch besser.